Les buts de ma vie

Faces Cachées, éditeurs depuis 2015.
Une maison d'édition fondée par Bakary Sakho et Paul Odonnat.

Co-auteur : Rémy FIÈRE
Editrice : Ouafae MAMECHE BELABBES
Assistante éditoriale : Hadidja MOHAMED EL KABIR
Directeurs de projet : Bakary SAKHO, Paul ODONNAT

Adaptation et réalisation de la couverture :
Laura BORÉE pour chez-laura.fr
Corrections : Gaëlle GUÉRIN

ISBN : 978-2-487209-29-9

Groupe Combo éditions
Combo-editions.com

RAÍ

Les buts de ma vie

FACES CACHÉES éditions

« J'ai deux amours, mon pays et Paris. »
Joséphine Baker, chanteuse, meneuse de revue et résistante

« Le Brésil est inévitable. »
Caetano Veloso, poète, écrivain et compositeur

À Seu Raimindo et Dona Guiomar, mes parents,
À mes cinq frères, plus que jamais présents dans mon cœur.

Préface :
Comme un soleil

Il faisait beau, ce soir du 26 août 1992 au Parc des Princes, pour un match qui s'annonçait de rêve, déjà : France-Brésil. Le Brésil et le football ne font qu'un. Depuis toujours. Si, à l'issue de la rencontre, j'avais pu engager toute l'équipe brésilienne au sein du PSG que je dirigeais depuis un an, je l'aurais fait... Ricardo et Valdo portaient déjà le maillot du club et évoluaient comme à domicile même s'ils jouaient ce soir-là pour leur sélection nationale.

Puis Raí est apparu. Capitaine flamboyant. Coup de foudre partagé avec Artur Jorge, notre si bon coach.

Un an plus tard, j'accueillais le meilleur joueur d'Amérique du Sud à Roissy-Charles de Gaulle. Raí sortait d'une saison à rallonge avec Sao Paulo et l'équipe nationale brésilienne, mais notre histoire commune pouvait débuter. Le livre que vous avez entre les mains ne se contente pas de rappeler ce qu'il a pu faire durant les cinq ans passés chez nous, il nous emmène bien au-delà.

Bien sûr, Rai évoque tous ces moments, forts ou délicats, qui le lient à Paris, à la France dont il a épousé la nationalité, mais il nous plonge aussi dans sa propre histoire. Notamment celle de sa famille que l'on découvre comme jamais dans cette bouleversante autobiographie, rayonnante d'intelligence, d'humanisme, de tolérance, et de talent aussi.

Pour mieux comprendre, il suffit juste de rappeler qu'il est le cadet d'une fratrie de six garçons tous formidables, dont Socrates, l'aîné, fut à la fois un pionnier dans l'engagement politique contre la junte militaire alors au pouvoir et l'extraordinaire capitaine d'une Seleção comme on n'en verra jamais plus. Raí a de qui tenir, vous le verrez au fil de ces pages qui dépassent largement le cadre du sport.

Nous sommes devenus très vite amis, comme une évidence, sans même en avoir parlé. À mes yeux, Raí a toujours symbolisé l'élégance. Dans le football comme dans la vie, l'élégance s'exprime quand la victoire n'est plus le but, mais la conséquence.

Raí, comme un soleil qui éclabousse et met en lumière les autres ; Raí, comme une musique qui fusionne les cultures et les modernise. La nature fait les hommes semblables, Raí les rend différents, ce n'est pas de Confucius, mais presque.

Ni l'un ni l'autre nous ne cultivons la nostalgie. Quand un bel épisode s'achève, nous nous réjouissons de l'avoir vécu plutôt que de s'apitoyer sur la fin de l'histoire, car la prochaine sera différente, et donc passionnante.

Aujourd'hui, comme un miracle, nos chemins se recroisent : nos destinées nous ont mené au Paris FC, « l'autre » club de la capitale, désormais en Ligue 1. Quelles pages allons-nous écrire ensemble ? L'un comme l'autre, nous l'ignorons, et c'est ce qui rend nos vies si belles.

Il faisait beau le 26 août 1992 et il pleuvait le 25 avril 1998 quand nous avons quitté ensemble le PSG.

Le soleil est vite revenu !

Il brille encore.

Michel Denisot

Prologue

« Capitaine Raí, tu n'es pas de notre galaxie,
Mais du fond de la nuit,
Capitaine Raí,
Aussi loin que l'infini,
T'es venu jusqu'ici,
Pour faire vibrer Paris... »

Sur l'air du générique de Capitaine Flam

C'est le chagrin qui me taraude. Ce soir, même si j'essaie de le cacher, je suis envahi par ce que nous nommons, en portugais, la *saudade*. Un mot difficile à traduire, qui mêlerait la perte de quelque chose – ou de quelqu'un – que l'on aime et la langueur mélancolique qui en découle… sans savoir de quoi sera fait l'avenir. Ma relation au temps est ainsi, souvent écartelée, comme si le passé ne m'avait jamais quitté, comme si le présent n'allait pas seulement s'effacer, mais au contraire s'ancrer lui aussi au plus profond de mon âme…

Nous sommes le 25 avril 1998. Et ce n'est pourtant que la fin d'un cycle sportif.

Hier, veille de match, j'ai écrit un petit texte qui sera imprimé sur le programme distribué au stade, et ce matin, lors de la discussion d'avant-match, au Novotel de Saclay où nous avons nos habitudes, Ricardo, mon ami devenu mon coach, a juste eu le temps de me glisser que mes mots l'ont touché. J'ai terminé mes quelques lignes, comme une confession qui ne nécessiterait pas d'absolution : « *En vérité, je ne quitterai jamais Paris. Avec tout ce que vous m'avez donné, une partie de moi-même restera toujours ici, et, pardonnez-moi de ne pas vous en avoir demandé la permission, j'emporte un peu de la France dans mon cœur.* »

Mais avant, il s'agit de partager quelques derniers instants. Ce jour de communion qui n'a rien de solennel, de bonheur consensuel, je veux en faire un au revoir qui ne sonne pas comme un adieu. J'ai envie de jouer, de danser, de rire, et de séduire une dernière fois ce Parc des Princes que j'ai tant aimé...

***

En championnat, notre parcours n'a pas été très bon. Michel Denisot, le président à qui je dois tant, va s'en aller vers d'autres horizons ; de mon côté, j'ai déjà annoncé publiquement que je rentrerai au Brésil dès la fin de la saison. Après cinq ans passés ici, 215 rencontres disputées, 72 buts marqués et de nombreux titres venus enrichir le placard discret où j'enferme mes trophées.

Le score de ce dernier match, face à Monaco, importe moins que ma dévotion pour le lieu sanctifié où il se déroule. Le Parc des Princes est à mes yeux bien plus qu'une enceinte sportive. Un monument plus qu'un musée, un temple vivant autant qu'un symbole de la ville lumière, le cœur mémoriel en tout cas des cinq saisons que je viens de passer.

Je l'avais découvert un soir d'août 1992, lors de ce que nous appelions alors un match amical, entre l'équipe de France et la sélection brésilienne dont je faisais partie. Nous l'avions emporté 2-0, et j'avais dégainé le premier, après une tête sur la barre que Bruno Martini, le gardien tricolore, avait renvoyé dans son propre but...

Je crois que j'avais alors ressenti quelque chose d'assez particulier, mais difficile à expliquer. Peut-être cette architecture de béton, la chaleur de l'endroit, la proximité avec le public, la situation dans Paris...

J'ignorais qu'un an plus tard, j'allais être partie prenante d'une histoire qui me lierait à jamais à cette pelouse, à ces gradins, et aux nouvelles montées d'adrénaline dont les décharges feraient chavirer ma vie.

***

En 1993, lorsque je débarque à l'automne au Paris Saint-Germain, c'est non seulement en tant qu'ancien joueur du São Paulo FC, vainqueur un an plus tôt de la Coupe intercontinentale, mais aussi comme capitaine de l'équipe nationale brésilienne... Je suis pourtant fatigué par l'enchaînement de trop longues saisons sans repos, alors que je m'apprête à découvrir un pays, une histoire, un climat, un football dont j'ignore tout.

Ma première saison parisienne ne sera pas une franche réussite.

Au cours des premiers mois, je me sens un peu désemparé. Si, lors de mon match inaugural, le 11 septembre contre Montpellier, je me distingue avec un « coup du foulard » – ce geste si typiquement sud-américain où la jambe qui frappe le ballon est croisée derrière la jambe d'appui – en adressant une passe de 40 mètres pour Ginola, puis en marquant d'une tête piquée le seul but de la rencontre, je vais ensuite lentement m'éteindre au fil de la saison.

Je n'avance pas, je me fais bouger par mes adversaires, je ne marque plus, à tel point que les journalistes spécialisés s'interrogent sur le bien-fondé de mon transfert.

Pourtant, je suis toujours le même. Amoureux des grands espaces, des courses folles, des passes millimétrées et de ces petits gestes, forgés au fil de mon adolescence, en parcourant les rues et les ruelles de Ribeirão-Preto, la ville où j'ai grandi…

Quand les résultats ne sont pas à la hauteur de mes espérances, tout se mélange en moi : l'adversaire, le ballon, et surtout la réaction des supporters. Mon oreille a toujours été attentive aux respirations collectives de ceux qui nous soutiennent. Une désapprobation de la foule après un geste de raccroc, une passe manquée, un but raté, et surgissent des démons intérieurs qui me disloquent le mental… Personnages de fiction qui jouent avec moi, me suivent, me harcèlent ; troupe de théâtre qui gesticule dans ma tête et m'entraîne vers le fond.

Il me faudra de nombreux mois pour transformer ces diables vociférants en angelots souriants, lorsque, mes marques enfin trouvées, je commencerai à déployer mon football. Ce n'est qu'alors que les bruyants soupirs de satisfaction du public qui accompagnent ma renaissance repousseront loin la résonance d'un éventuel échec.

Je ne cherchais pourtant que cela, retrouver mes sensations, pour convaincre l'opinion et ce Parc des Princes dont je m'éprends au fil des semaines et à qui je voudrais tant complaire. Je ne veux pas d'une arène mais d'un écrin, pas d'un champ de bataille mais d'une scène sur laquelle m'exprimer.

Progressivement, au fur et à mesure de mon éclosion, un étrange rapport de séduction s'installe entre le stade de la Porte d'Auteuil et moi. Il est le refuge de mes envies, en même temps que le réceptacle sacralisé de ceux qui nous supportent. Je vais y trouver mes repères, ses couloirs, sa piscine, ma place au vestiaire, cette façon aussi d'entrer sur le terrain... Au Brésil, nous empruntons souvent un tunnel qui débouche directement sur la pelouse ; à Paris, le public t'entoure, le contact est proche, tu te sens captif d'un environnement qui ne souhaite pourtant que ton bien... Surtout quand les deux kops, Auteuil et Boulogne, socialement différents, font cause commune et se répondent...

J'apprends ainsi à respirer cette ambiance si particulière, je savoure cette acoustique étonnante qui empêche les sons de s'envoler vers les cieux, et j'entrevois enfin la dimension presque mystique d'un endroit qui me subjugue.

***

De ce dernier match à domicile – j'aime cette expression, comme si le Parc était bel et bien devenu ma maison –, je ne m'attends à rien de particulier, il nous restera encore une dernière rencontre, à l'extérieur, et la finale de la Coupe de France à disputer face à Lens, au Stade de France.

Nous jouons donc face à Monaco. Je ne suis pas au courant de ce qui se trame. Lorsque, en sortant du couloir qui mène sur la pelouse, je découvre que le Parc est non seulement plein comme un œuf, mais surtout qu'il s'est paré des couleurs du Brésil, mon pays. Du vert, du jaune, partout, et les premiers chants qui montent et me sont adressés.

Je rentre, comme les autres joueurs en tenant un enfant par la main… Comme si deux jeunesses marchaient côte à côte. Celle d'un petit garçon, pleine de rêves et de projections, et la mienne, finalement pas si loin derrière, désormais submergée par les désirs réalisés et par ce garrot de velours qui désormais me lie à Paris. Pour toujours.

Le match commence, il fait un temps pourri. Mais le public ne cesse de chanter mon nom, sur l'air de la chanson *Brasil* des Vengaboys.

« *C'est le plus beau des magiciens,*
C'est le plus grand des techniciens,
C'est le plus beau des Brésiliens,
C'est le plus grand des Parisiens.
Raí, Raí. »

Nous ouvrons le score, Monaco égalise. Je ne compte pas les minutes, ni ne les vois passer, je me gorge de ces derniers instants jusqu'à ce que Ricardo, c'est une surprise, me fasse sortir cinq minutes avant la fin du temps réglementaire pour avoir le droit à l'ovation que me réservent les supporters.

L'hommage me foudroie… Je reste sur le bord de la touche avant que Trezeguet ne marque le but vainqueur dans les dernières minutes. 2-1 pour les visiteurs. La défaite est anecdotique, de toute façon il n'y avait guère d'enjeu.

Le coup de sifflet final retentit. Comme à la fin d'une pièce de théâtre, j'ai l'impression de sentir soudain un rideau tomber. Celui-ci est aussi lourd que mes regrets, mais tissé serré, aux couleurs bleu et rouge de ce club qui m'a tant donné et tellement apporté.

Je cours vers la tribune Auteuil. Mon maillot ôté se révèle un mouchoir trop petit pour l'émotion qui m'étreint, il ne peut éponger ni mes larmes, ni la pluie qui vient se mêler au torrent d'émotions qui m'emporte. À l'unisson, je pleure avec le ciel. Tandis que le Parc scande mon nom.

Cinq années se terminent et je suis bouleversé.

L'équipe est rentrée au vestiaire, je suis seul, ou presque. À mes côtés, Marko Pantelic, jeune joueur yougoslave d'à peine 20 ans récemment arrivé, n'a pas compris le pourquoi de cet étrange cérémonial… Il participe lui aussi à la fête, mais je ne m'en rends pas compte.

Personne ne quitte le Parc. C'est un échange de cadeaux. Je rends à ceux qui m'ont soutenu ce qu'ils m'ont offert !

Je jette mon dernier maillot.

« *Allez Raí, allez Raí,*
Où tu es, nous sommes là,
Tu ne seras jamais seul,
Car nous deux, c'est pour la vie ! »

Je me retrouve à genoux, je me prosterne devant ceux qui m'ont fait. Je ne suis plus un joueur, je suis un homme comme les autres, un citoyen parisien, un supporter à tout jamais, leur semblable.

Je ne saurai jamais comment j'ai terminé mon tour d'honneur…

Je m'en retourne au Brésil.

Là où tout a commencé !

Première partie

I. Une histoire de famille

L'insouciance de la jeunesse magnifie souvent les premiers souvenirs. De ces années ne remontent que des sensations parcellaires aux relents de bonheur, mais guère plus. La notion même de pauvreté n'existe pas aux yeux d'un gamin. Les pieds nus sur un sol de terre battue, les cavalcades des cousins, les rires des oncles et tantes, les nuits dans le hamac en tissu, les mangues à cueillir sur les arbres, l'odeur de quelques poissons braisés sur le feu de bois. Effluves capiteux et goût de douceur dans cette banlieue pauvre de Fortaleza, ville du Nordeste colonisée par les Portugais dès le début du XVIIe siècle, capitale de l'état du Ceara, où nous passons nos vacances en famille. C'est ce qu'il me reste de mes parcelles d'enfance : une atmosphère de légèreté perpétuelle parce que c'est souvent là que s'impriment les visions originelles d'un monde, parce que nul nuage sombre ne vient encore voiler les certitudes.

Le mien, de monde, est donc petit, joyeux, empli de sourires et de soleil… Je n'ai évidemment aucune conscience sociale et, dans mon pays à la chaleur si contagieuse, je ne sens pas le coup de froid. Le joug de la dictature militaire vient de poser sa botte sur nos vies. Depuis quelques mois, le Brésil vit sur les braises encore fumantes d'un putsch que les galonnés au pouvoir vont pompeusement appeler la Cinquième République. Le coup d'État du 31 mars 1964 mené par le maréchal Branco a renversé le président João Goulart. Le pays tombe dans une nasse politique qui durera une vingtaine d'années.

Je n'aimerai jamais les uniformes, les décorations rangées sur les poitrails et ceux qui se cachent derrière en plastronnant. Comme je n'oublierai jamais les assassinats, les disparitions, les tortures, l'arbitraire et l'omnipotence d'une période que la clémence de notre climat ne sera jamais parvenue à masquer.

Pour justifier un putsch, il n'est jamais difficile de trouver des arguments. Les officiers séditieux désormais au pouvoir font tressaillir leurs concitoyens en agitant un triste épouvantail : la lutte contre le communisme est soi-disant leur combat principal. Il s'agit d'ériger un mur de protection contre le régime cubain de Fidel Castro, voisin pas si proche mais relativement menaçant depuis qu'il s'est aligné sur l'URSS. La sécurité nationale est une oriflamme qu'il suffit parfois de brandir pour rassurer.

La guerre froide n'était jamais loin, même dans les pays chauds !

La dictature durera jusqu'en 1985. Mais j'aurai l'occasion d'y revenir…

***

De ces premières années me reviennent en mémoire quelques grands-parents que j'ai à peine connus. Ma grand-mère maternelle, dont les ancêtres rappellent cette disparité si forte au

Brésil. Je ne supporte pas le concept de race, nous sommes tous les mêmes. Mon aïeule a simplement du sang indien et africain, mélangé à de minces filaments de portugais et d'espagnol ; d'autres dont je n'ai vu que des photos que le temps avait jaunies rappellent la mixité de nos racines. Comme mon grand-père paternel, dont la sombre couleur de peau et la forme du visage prouvaient les origines…

Je suis donc né le 15 mai 1965, le sixième de six garçons… Mes parents se sont mariés tard. Guiomar, ma mère, avait alors 32 ans, Raimundo, mon père, 28.

Ma mère avait déjà 44 ans lors de ma venue au monde.

Je voudrais remonter aux sources de leur propre jeunesse, de leur rencontre pour essayer de comprendre d'où je viens. Je n'en ai plus que des bribes laissées au détour de trop rares conversations.

Ma mère a commencé comme enseignante autodidacte. Comme sa mère qui, m'a-t-elle raconté, recevait parfois des lettres lui demandant d'aller enseigner loin sur le fleuve ; elle embarquait alors sur des bateaux pour remonter l'Amazone. Après deux ou trois jours de voyage, en arrivant là où elle était convoquée, elle s'apercevait qu'il n'y avait pas d'école, ou alors seulement dans les rêves délirants de l'administration… Encore enfant, Guiomar la suivait sans toujours comprendre. Une épopée que je n'imagine qu'en noir et blanc, les seules couleurs du passé.

Elle a ensuite embrassé une carrière dans la fonction publique, comme assistante-secrétaire, et c'est là qu'elle rencontrera mon père, à Belém. Belém, ville au nord du pays, véritable porte d'entrée de l'Amazonie ; partout un univers de débrouille et de petits boulots mais chez mes parents, une envie de se hisser pas à pas vers un avenir meilleur. Devenir fonctionnaire de l'État, passer des concours internes, depuis le bas de l'échelle sociale, se construire une vie qui ne ressemblera pas à celle de ses propres parents.

Leur première rencontre ? Elle me fait encore sourire. Ils sont ensemble lors d'une session de formation, se croisent et recroisent jusqu'aux premiers mots échangés. Mon père portait ce jour-là une chemise brodée à l'initiale de son prénom. « R », donc. Ma mère, très vite, s'en émeut, et pose la question qui tue : « *Ne me dis pas que ce R veut dire Raimondo, je déteste ce prénom* »… L'histoire en décidera autrement, on appelle cela l'amour.

Mon père, lui, avec un peu d'avance et beaucoup de détermination, n'emprunte pas tout à fait le même chemin que ma mère. L'ascension est lente cependant, il faut bousculer préjugés et carcans pour s'ouvrir un avenir, et se tenir prêt à toutes les propositions. Il part par exemple effectuer le recensement des populations. Un travail de longue haleine et de portes auxquelles il faut frapper pour établir les listes de ceux qui vivent derrière. Dans le Nordeste, région démunie, territoire de grande pauvreté, hormis en bord de mer, où la vie semble toujours plus facile, allez savoir pourquoi, la tâche était ardue… Il était par exemple demandé à chacun d'indiquer son ascendance, européenne, asiatique, africaine, indienne, voire le pays dont il est originaire. Pour certains, il était impossible de répondre autre chose que « *je suis Brésilien* ».

Mes parents se sont ensuite mariés dans une autre province de l'état où ils se sont installés pour travailler. Je m'y suis rendu avec ma mère lorsqu'elle était encore parmi nous. L'endroit s'appelle Igarapé-Açu, du nom d'un affluent de l'Amazone.

C'est une petite ville de quelques milliers d'habitants, là où sont nés les trois premiers garçons, mes frères aînés, là où l'on pourrait presque dire que tout a commencé.

Mon père, qui n'avait aucun talent sportif, est devenu dirigeant de l'équipe de foot locale. Mes aînés ont commencé là à pratiquer le sport-roi. Football de rue, de sueur et de poussière, de ballons plus ou moins ronds, de maillots informes qu'ils enfilaient sans doute comme des reliques : en 1958, puis en 1962, la Seleção, emmenée par un prodige au doux nom de Pelé, est devenue championne du monde. S'identifier à ses stars, Gilmar, Garrincha, Zito, Didi, Vava, est un autre des bonheurs de l'enfance.

Tandis que ma mère est restée une fonctionnaire de niveau intermédiaire, mon père est alors devenu, à la suite d'un concours difficile à l'issue duquel il avait fini parmi les mieux classés et pu choisir sa prochaine affectation, ce que nous appelons chez nous un auditeur fiscal fédéral. Personnages importants qui reçoivent les gens, les conseillent, les aident, vérifient leurs comptes et ceux de sociétés plus implantées. Pour établir les impôts, percevoir les taxes, dresser parfois des amendes, etc.

C'était avant que nous ne déménagions à Ribeirão Preto, où je suis né, à environ 300 kilomètres de São-Paulo, ville déjà tentaculaire, à la fois terrifiante et attirante où, quelques années plus tard, je me ferai connaître…

***

Mon père, comme ma mère, est donc un parfait autodidacte, homme de labeur acharné et de soif d'apprendre, qui trouve dans la lecture matière à s'élever. Il lit tout le temps. Même le soir, lorsque les enfants sont rentrés depuis longtemps de l'école et qu'il rentre fatigué du travail. Au moment où naissent les premiers garçons, il est fasciné par la civilisation grecque, et l'histoire de cet empire qu'en Occident vous considérez un peu comme le berceau de votre humanité et de votre culture classique.

C'est pour cette raison que mon frère aîné portera le formidable nom de Sócrates, en référence donc à Socrate, homme d'idées qui ne laissera pourtant aucun écrit… Tout son enseignement sera en effet transmis par des témoignages indirects de disciples et d'adorateurs. Socrate, philosophe d'Athènes qui enseignait au gré des rencontres, se nourrissant de peu, s'habillant de rien, questionnant chacun sur le sens de la vie.

On retrouve dans ce prénom ce qui pourrait définir mon père : la passion pour la politique, les débats d'idées, les questions existentielles… Et, étrangement prémonitoire, ce que sera aussi mon frère aîné.

Suspecté de corrompre la jeunesse et de ne pas reconnaître les dieux de l'état, le premier Socrate sera condamné à mort. L'histoire est connue : entouré d'amis, l'homme sage boira la ciguë, véritable « poison d'État », composé de plantes toxiques… En choisissant de mourir, le philosophe réaffirme ce qu'il développe depuis des années : la vertu l'emporte toujours sur la vie. Ce que l'on sait, ce que l'on suit, ce que l'on transmet est plus important que ce que l'on est. On trouve là l'origine de la morale socratique qui enseigne que le Bien est supérieur à toute chose.

***

Ensuite naquit Sóstenes, en référence à un stratège macédonien retombé dans les oubliettes de l'histoire, sans doute moins connu que Socrate… Mon père, en riant, disait qu'il était celui qui apportait les papyrus aux autres pour qu'ils puissent écrire. Est apparu peu de temps après, Sófocles, mon troisième frère, qui tient son prénom du fameux dramaturge du siècle de Périclès et de l'apogée de la civilisation grecque. Pour ces trois premiers fils, comme s'il avait besoin de le préciser, mon père avait fait rajouter par l'état civil « Brasileiro »… Sócrates Brasileiro, Sóstenes Brasileiro, Sófocles Brasileiro, doubles prénoms donc, suivis du nom complet, particulièrement long dans mon pays, Sampaio de Souza de Vieira de Oliveira…

Je crois qu'ensuite ma mère en eut assez de ces prénoms qui n'avaient rien de brésilien. Elle parvint à convaincre mon père qui, pour faire amende honorable, accepta que le prochain enfant, si c'était un garçon, ait le même prénom que lui, Raimundo, puis, que le suivant porte un prénom composé des deux leurs. Raimundo et Guiomar. Ainsi fut prénommé Raimar… Dans le Nordeste, il était alors très commun d'inventer des noms. Puis vint le petit dernier, moi, dont le prénom fut raccourci plus encore… Trois lettres seulement. Bien suffisantes à mes yeux. Nous n'aurons en revanche pas droit au même arrangement avec la loi, et notre nom sera donc plus court que celui de nos trois aînés : je m'appelle simplement Raí Souza Vieira de Oliveira.

***

Mon père ne cessait de passer des concours pour grimper dans la hiérarchie du système, à l'échelon municipal d'abord, puis fédéral. À Belém, il disposait déjà d'un bon salaire de fonctionnaire, mais sans diplôme car cela n'était pas encore nécessaire. Mais s'il voulait continuer à progresser, il lui en fallait un. Il s'est appliqué, impliqué, dans des études de droit. Il s'inscrivit ainsi à l'université de São Carlos pour réussir un examen supplémentaire et obtenir le grade qui irait avec. « *Il ne va jamais y arriver, c'est impossible* », disaient des amis de ma mère qui travaillaient à ses côtés. Elle, et lui, étaient peut-être les seuls à y croire. Bien souvent, le jour des résultats, mon père terminait parmi les premiers classés. Ce qui fut le cas cette fois-ci, comme d'habitude.

C'est d'ailleurs ce qui lui permit, alors qu'un quatrième fils venait de naître, de pouvoir choisir le Sudeste du pays et quitter le Nordeste.

Finie la pauvreté !

Un peu plus tard, une fois les six garçons nés, il continua, pour le plaisir, à suivre des cours de droit… En rêvant d'être avocat, ou député, ce qu'il n'est jamais devenu. À son grand regret sans doute.

***

Quand ils arrivent à Ribeirão Preto, dans l'État de São Paulo, la modeste maison que mon père a trouvée devient très vite une sorte « d'ambassade ». Mon père, comme ma mère, sont tous deux des leaders naturels, et leur accueil et leur soutien ne sont pas de vains mots. Au contraire. Toujours au centre du terrain, ils accueillent les uns et les autres – surtout ceux qui comme eux, viennent du nord – dans le petit foyer où je suis né qu'ils agrandiront au fil des ans et des coups de main offerts par les amis. Lesquels coups de main se terminent systématiquement par des soirées où les chants, les plaisanteries et les débats d'idées fusent, même avec les enfants.

Mon père possédait en effet une culture politique fort étendue. Toujours très attentif à ce qui se passait, toujours prêt à analyser le moindre événement, toujours avide d'en discuter. L'apparition d'un avocat noir à la télévision, le rôle de l'éducation, l'importance de la conscience politique, l'utilisation chez certains du terme *Moreno*, mot jusqu'alors très souvent utilisé pour différencier ceux d'entre nous qui ne sont ni noir, ni blanc – et désormais considéré comme raciste –, tout était prétexte à argumentation… À la maison, tout le monde voulait avoir son avis sur les questions les plus variées, et mon père, qui n'était pas radical et encore moins révolutionnaire, simplement un militant de cœur, n'était jamais le dernier à rebondir pour susciter la controverse, la polémique ou le consensus.

Notre père possédait beaucoup de livres progressistes, de gauche, sur l'histoire sociale et politique. Sa bibliothèque était énorme, impressionnante. Ses bouquins étaient tous marqués, biffés, soulignés. Après le coup d'État de 1965, mes frères m'ont raconté l'avoir vu brûler certains de ses bouquins, pour protéger ses enfants… Parce que viscéralement de gauche, et que la dictature menaçait sans doute ceux qui se positionnaient de l'autre côté des barrières. Très attaché à la liberté, mon père pouvait être considéré par certains comme un communiste. Mais il s'en moquait, sa famille et ses enfants étaient au-delà de la chose politique.

Un peu plus tard, alors qu'il travaillait à São Paulo et qu'il quittait la maison du lundi au vendredi, il fit la connaissance de personnalités de l'opposition investies politiquement, dont un homme très proche de Fernando Henrique Cardoso. « FHC », comme nous l'appelions, était un homme politique très aimé du Brésil. Libéral opposé au putsch des militaires, il est d'abord parti en exil avant de revenir dans l'opposition. Plus tard, il sera nommé ministre puis deviendra président de la République de 1995 à 2003. En tout cas, les gens que mon père rencontre sentent chez lui cette sensibilité politique et sociale qui lui colle à la peau, et ils essaient de le convaincre de se lancer à leur côté…

Lorsqu'il rentre à la maison, il tente donc d'expliquer à ma mère qu'un jour peut-être, il pourrait devenir député…

Ma mère était un peu différente, et tout cela l'inquiétait légèrement quand même : Ribeirão Preto n'est pas São Paulo ; il s'agit d'une ville plus conformiste, éloignée des grands centres intellectuels, un peu comme en France, où l'on considère que la province serait plus conservatrice, pour ne pas dire réactionnaire, que Paris, Lyon ou Marseille, aux sensibilités plus ouvertes. Que mon père puisse embrasser une carrière politique ne l'enthousiasmait pas.

« *Guiomar, je pense, enfin, je suis en train de réfléchir…* ». Elle lui a alors rétorqué : « *Ne sois pas idiot.* » Il n'en a jamais reparlé.

Comme mon père respectait beaucoup ma mère dans cette société plutôt patriarcale, il l'écoutait, tenait compte de son avis, et lui faisait même une confiance totale pour élever ses enfants. Ce qui se révélait assez moderne pour l'époque.

Dans le même temps, il était très inquiet et concerné pour notre futur, désireux que nous recevions l'éducation qu'il n'avait pas eue, car il avait quitté l'école à 13 ans… Sur le plan des études, il fut un père sévère, surtout envers ceux d'entre nous qui n'étaient pas aussi doués que Sócrates. Lui n'avait pas besoin de travailler pour réussir.

Comme j'étais le petit dernier et qu'à l'époque, mon père voyageait beaucoup et travaillait autant, il fut moins présent, et j'ai donc moins discuté avec lui que mes frères. Je me souviens néanmoins d'un jour où, alors que je devais avoir 12-13 ans, il m'avait arrêté dans le couloir et, un peu provocateur, m'avait simplement demandé, « *pour toi, c'est quoi la culture ?* » C'est resté gravé dans ma mémoire. J'avais bafouillé, je crois, un truc basique et général, il m'avait répondu que c'était beaucoup plus que ce que j'imaginais, que cela englobait non seulement ce que l'on sait et ce que l'on transmet, pas seulement les livres, les disques ou les films qui nous forment, mais que cela dépassait tout cela, que cela incluait aussi les aspects intellectuels et artistiques d'une civilisation, la nôtre, et les autres...

Il voulait juste m'amener à réfléchir, en suscitant une réaction de ma part.

Un autre jour, alors que je n'avais pas eu de très bonnes notes à l'école, toujours inquiet, il m'avait appelé et dit, « *chante un peu* », pour voir si par hasard, je n'avais pas un don caché qui pourrait me servir plus tard... À tous, il disait, en parlant de moi, « *au moins faisons-en une bonne âme* »... Comme s'il cherchait toujours le meilleur chemin possible pour ses propres enfants, en fonction des qualités dont chacun disposait, ou en tout cas que mon père imaginait.

Encore que : quand on a commencé à lui dire que je jouais bien au ballon, alors que Sócrates était déjà une star naissante, il pensait qu'il était impossible d'avoir deux garçons, l'aîné et le petit dernier, doués pour le football...

Toujours un peu pessimiste donc, craignant constamment qu'il nous arrive quelque chose, tentant sans cesse de prévenir le pire. Raimar me raconte souvent que lorsque nous allions à la plage et que nous jouions dans les vagues, il passait sa journée à compter les têtes de ses enfants qui ressortaient de l'eau.

***

Mon père a continué, par plaisir et sans doute aussi par fierté, ses études à l'université de São Carlos, ville universitaire reconnue, avant de terminer comme professeur de droit à Ribeirão Preto qui, petit à petit, devenait une ville universitaire réputée. On disait de lui qu'il était très différent des autres professeurs, qu'il racontait des histoires aux élèves regroupés autour de lui… Un peu comme un de ces philosophes grecs dont il avait dévoré les écrits.

Jusqu'à sa retraite à 70 ans, s'il n'est pas devenu formellement avocat, restant plutôt un consultant même s'il n'a jamais ouvert à proprement parler de cabinet, les gens continuaient de venir le voir, pas uniquement pour les impôts… Ses conseils étaient précieux, comme son humanité et son désintérêt pour les affaires d'argent. Il est devenu à mes yeux l'exemple rare d'un homme qui a gravi les échelons pas à pas, sans écraser personne, jusqu'à atteindre un super poste de directeur des impôts, l'un des mieux payés des fonctionnaires de l'État.

Mon père est mort en 2010, à 83 ans, et je le regrette encore.

Ma mère, elle, nous a quittés un peu plus tard, un triste jour de mars 2021. Chaque jour également, son absence me pèse.

II. Mes frères, comme les doigts d'une main

Parce qu'il est l'aîné, le premier, le plus connu peut-être, comment ne pas commencer par Sócrates, le docteur, le frère qui m'a influencé en tant que joueur mais aussi en tant qu'homme, malgré la différence d'âge qui nous séparait. Des livres ont été écrits sur lui, des films ont été tournés et une série va même bientôt être diffusée sur les chaînes du monde entier… Il est une référence absolue de ces personnages de légende, capables de se battre sur tous les terrains. La continuité de ce qu'était mon père, en plus rebelle sans aucun doute.

D'ailleurs, et je m'offre une digression, quand Sócrates a arrêté le foot et flirté lui aussi avec la politique traditionnelle, mon père avait alors dit : « *Mon fils va peut-être devenir ce qui a toujours été mon rêve, un député constitutionnel.* » Faire partie de ceux qui vont réécrire les lois politiques du Brésil, une fois la dictature balayée, être de ceux qui dessinent l'avenir institutionnel d'un pays… Je crois que pour mon père, il n'y avait pas mieux.

Sócrates est donc l'aîné, il a 11 ans de plus que moi. Lorsque j'ai 10 ans, il joue encore au Botafogo de Ribeirão Preto, le club local, tout en poursuivant des études de médecine qui lui vaudront par la suite le surnom de « Docteur ». Il est très vite repéré, c'est le joyau aux mille talents, qui ne s'entraîne que trop rarement à cause de ses cours à la fac, mais qui brille de tous ses feux lors de chaque match.

Trois ans plus tard, en 1978, une fois son diplôme en poche, il rejoint le légendaire club des Corinthians de São Paulo qui lui propose un contrat de joueur professionnel. Le reste appartient à l'histoire du football brésilien. Titres nationaux, appels en sélection, récompenses individuelles, starisation planétaire mais, surtout, engagement politique face aux militaires toujours au pouvoir, et lutte perpétuelle pour le retour à la démocratie.

Sócrates est ainsi à l'origine d'une expérience unique d'autogestion du club paulista, connue sous le nom de Démocratie corinthienne. Avec ses coéquipiers, soutenus par Adilson Monteiro Alves – un jeune sociologue qui avait déjà été arrêté pour dissidence et que le président du club avait choisi comme directeur sportif –, chaque décision prise au sein du club devait ensuite être approuvée par tous, du jardinier du stade au président du club. Qu'il s'agisse de la confection des menus pour les repas ou de la nomination de l'entraîneur. Tout était soumis à la délibération et au vote ! Même les salaires étaient partagés… Comme si mon frère et ses partenaires – comme le latéral Wladimir, Walter Casagrande, un attaquant international ou Ze Maria, champion du monde en 1970 qui deviendra à la demande des joueurs le coach de l'équipe –, qui étaient aussi engagés que lui, cherchaient à dépasser leur condition de joueurs pour ébaucher ensemble une politique globale.

Et ça a marché ! Le club remporte deux titres de champion de São Paulo, tandis que la dictature, irritée, ne peut pas faire grand-chose pour aller à l'encontre des messages politiques que Sócrates et les siens délivrent régulièrement. Un jour, le mot « démocratie » est floqué sur leurs maillots, une autre fois, une banderole est déployée lors d'une finale sur laquelle est écrit : « Gagner ou perdre, mais toujours en démocratie ». Mon frère participe aussi à un mouvement politique national qui milite pour le retour à une vie républicaine en 1984 et qui fera descendre dans la rue plusieurs millions de personnes engagées dans le même combat. Alors que des clubs du vieux continent se battent pour le faire signer chez eux, il promet qu'il restera au Brésil si le Congrès rétablit une élection présidentielle libre.

La manœuvre échoue, le « Docteur » quitte le Brésil pour signer en Italie, à la Fiorentina. Il n'y restera qu'un an avant de revenir, écœuré, dira-t-il, par les dessous du Calcio, le championnat italien, et ses manœuvres qu'il considérait comme dilatoires et corrompues...

De retour, il jouera encore un peu, puis partagera son temps entre une activité de consultant sportif et son métier de thérapeute, en se spécialisant dans la médecine sportive.

Cet homme est donc un modèle, et pas seulement pour moi. Mais il brûlera la vie par tous ses bouts, jamais avare de ces plaisirs que l'existence propose. Il fume, il boit, il aime beaucoup les femmes. Il disparaît en décembre 2011, victime d'une cirrhose. Il n'avait que 57 ans...

Avant de s'éteindre, Sócrates avait déclaré : « *Je voudrais mourir un dimanche, jour de titre pour les Corinthians.* » Le jour où il nous quitte, son équipe de cœur obtient un match nul contre son grand rival Palmeiras et remporte son cinquième titre national !

***

Je regrette, vu notre différence d'âge, de ne pas avoir été plus proche de ce grand frère. Je n'ai pas beaucoup de souvenirs d'enfance avec lui : il s'est marié jeune, a quitté la maison très vite, puis, entre ses études de médecine et sa carrière aux Corinthians, je n'ai hélas guère eu le temps de le croiser.

Tout juste ai-je gardé en mémoire des matchs que l'équipe des étudiants en médecine de Ribeirão Preto disputait face aux futurs ingénieurs de la ville. Des matchs au couteau, une rivalité de jeunesse, devant quelques milliers de spectateurs, et Sócrates était déjà au-dessus des autres. Comme s'il préférait jouer, même en amateur, avec ses bons copains de la fac.

Je me souviens d'une autre anecdote qui nous faisait toujours sourire… Alors que quelques heures auparavant, mon père l'avait déposé à l'école préparatoire à la faculté de médecine avant de se rendre au stade pour assister à un match des moins de 19 ans du Botafogo, quelle ne fut pas sa surprise de voir son fils en train de participer, toujours aussi flamboyant, à une rencontre qu'il éclaboussa de toute sa classe.

Alors que j'étais moi-même jeune supporter de Botafogo, peut-être ne savais-je pas comment faire la part des choses, entre ce personnage beau et fantasque, cette idole à mes yeux, qui était en même temps mon frère. Une fois joueur des Corinthians, lorsqu'il venait nous rendre visite à Ribeirão Preto, je me sentais presque gêné, un mélange de respect et de timidité que je n'avais pas encore réussi à dépasser… Celui que j'idolâtrais était là, à la maison, et je ne savais quoi lui dire… D'autant que Sócrates, plus radical que mon père, n'était jamais le dernier à provoquer, à faire état de son caractère rebelle. Ou à me taquiner...

Quant à son côté politique, je ne le saisissais pas, il était devenu un représentant du mouvement de la démocratisation, mais je ne comprenais pas vraiment pourquoi. J'étais simplement fier de lui. D'ailleurs, lorsqu'à mon tour je quitterai Ribeirão Preto pour aller jouer à São Paulo, les journalistes ont évidemment commencé à me poser des questions politiques, puisque j'étais le frère de... J'avais une vingtaine d'années et je n'étais capable de parler que de foot, voire de basket. Souvent, je ne savais pas quoi répondre... Et puis, au fur et à mesure, en me confrontant aux questions, à la vie réelle, j'ai mûri, je me suis documenté, j'ai approfondi mes connaissances. J'ai même accéléré mon intérêt pour la politique, comme pour l'économie, en lisant les journaux, en faisant des recherches quand je ne connaissais pas les sujets ou les thématiques. Influencé malgré moi par tout ce qu'avait déjà fait mon frère, découvrant progressivement l'impact qu'il avait eu sur les gens, et ce qu'il avait pu représenter pour eux face à la violence d'une dictature qu'il allait, à sa façon, contribuer à faire tomber.

Mon éducation politique, mes combats, sont nés de là...

Il fallait juste que je m'affirme, que je développe ma propre façon de penser et d'agir, comme Sócrates l'avait fait.

Et puis, je n'avais pas non plus le droit d'être un joueur moyen, la comparaison m'aurait tué...

D'ailleurs, il est intéressant de noter que parmi les six garçons de la fratrie, cinq au moins auraient pu faire une carrière de footballeur professionnel. Peut-être pas au même niveau que celui atteint par Sócrates et moi, mais les prédispositions étaient bel et bien là. Les choix personnels, la vie en quelque sorte, en ont décidé autrement.

***

Sóstenes, mon deuxième frère, était évidemment plus proche de Sócrates que moi. Tous deux ont été un peu pour moi comme un second père et une seconde mère, si je peux faire le parallèle. L'un, plus dans la politique, le savoir, l'autre, plus dans la gestion quotidienne et humaine. Des valeurs sociétales et politiques pour Sócrates, de bonté et de proximité pour Sóstenes, pour qui l'amour des gens, l'effort pour les autres, le don de soi étaient des qualités primordiales.

Sóstenes était dans ces rapports-là, il aimait la musique, avait un petit côté sensible et poète. Il jouait de la guitare, nous apprenions l'histoire ensemble, puis il est parti à l'université. Ingénieur de formation, il comprit assez vite que ce n'était pas ce il rêvait. Il a ensuite travaillé dans le milieu syndical, est devenu professeur, puis responsable des sports dans la ville où il habitait, avant de revenir à São Paulo.

Avec Leonardo, autre footballeur de talent avec lequel j'ai partagé pas mal de choses, nous avions créé la fondation Gol de Letra en 1998, à destination des jeunes enfants déscolarisés. Nous avions besoin de quelqu'un de particulièrement humain et sensible pour chapeauter tout cela. Sóstenes nous a rejoints sans hésiter pour devenir président de la fondation. C'était son truc…

Hélas, Sóstenes nous a quittés, alors même que j'écrivais ces lignes. Victime de ce que l'on appelle pudiquement une longue maladie, comme si tout le monde craignait d'utiliser le mot cancer. Mon frère adoré est néanmoins parti sereinement, entouré des siens et de ses proches, tous unis pour l'accompagner jusqu'à son dernier souffle.

Je fus, et je n'étais pas le seul, dévasté par cette disparition...

***

Sófocles, troisième de la lignée, m'a marqué, lui aussi. Quand j'étais enfant, il avait les cheveux longs, écoutait du rock progressif et ces groupes qui noyaient la musique derrière des nappes de synthés, véritables symphonies électrisantes : Yes, Emerson, Lake and Palmer, Pink Floyd. C'était le seul vrai gaucher de nous tous, à la fois le plus grand en taille et le moins doué en sport. Il a suivi lui aussi un cursus universitaire pour devenir ingénieur. Une crise économique lui fera changer son fusil d'épaule, le faisant alors entrer dans la fonction publique, comme notre père, qui a dû un peu l'aider à trouver une vie plus stable. C'était mieux pour lui. Aujourd'hui, Sófocles a les cheveux courts, et porte volontiers un costume.

***

Le quatrième fils, c'est Raimundo, le petit garçon prodige, qui est entré à l'université de médecine très jeune lui aussi. Champion d'échecs, il jouait avec mes frères et moi, le dos tourné, sans regarder, et il nous battait toujours. Il adorait le foot, y jouait bien, et même si nous avions quatre ans de différence, le dimanche matin, quand il allait disputer un match avec ses copains, il me réveillait pour que je rejoigne son équipe. Il a sans doute toujours regretté de partir à 16 ans faire des études de médecine loin du foyer familial.

Et puis un jour, il n'avait pas 18 ans, il a rencontré une fille d'une famille évangéliste, précoce elle aussi. Mon père, homme de gauche, était athée. Ma mère quant à elle a toujours eu un côté religieux, « à la brésilienne », changeant plusieurs fois d'équipe, si je puis dire. Chrétienne de naissance – le catholicisme a longtemps été la religion officielle du pays –, puis adepte du spiritisme, la troisième religion la plus importante chez nous, elle a conservé jusqu'à la fin de sa vie un rapport essentiel aux dieux et aux esprits.

En tout cas, Raimundo est le premier des garçons, et sans doute le seul, à emprunter le chemin de la religion, au grand désarroi de mon père qui ne comprenait pas bien pourquoi et craignait les méfaits des croyances, quelles qu'elles soient. Inquiet, colérique même parfois, comme lorsqu'il est entré un jour dans ma chambre alors que Raimundo voulait que je commence à lire la Bible. « *Si tu veux, tu peux croire en ce que tu veux* », lui a-t-il dit, « *mais n'emmène pas les autres avec toi !* »

Très vite, Raimundo a épousé sa copine, arrêté ses études de médecine, s'est lancé comme professeur, et a continué à croire, devenant même une sorte d'évêque en civil. Il s'est, depuis, « déradicalisé » un peu, les tensions avec mon père s'étant apaisées, sans qu'il n'y eût jamais vraiment de fâcheries, en partie grâce à ma mère.

***

Raimar, enfin, le cinquième fils et le plus proche de moi en âge, est peut-être celui auquel je ressemble le plus physiquement. Notre mère était petite, notre père était assez grand, quoique plus petit que ses enfants. Si Sócrates était grand et longiligne, Raimar était grand et fort, à tel point qu'on l'appelait « Nelore », une race bovine brésilienne extrêmement puissante, croisement entre le bœuf et le zébu.

Raimar a fait du droit et a été basketteur professionnel, ce qui ne veut pas dire grand-chose au Brésil : tu gagnes de quoi vivre, certes, mais tu peux difficilement te construire un avenir ou économiser. Il s'est ensuite occupé de bars et d'établissements divers. Et n'est jamais le dernier à célébrer comme il se doit le moindre événement : Raimar c'est le sens de la fête et de l'amour, en version colosse.

III. Le petit dernier

Je n'avais rien d'un leader au départ, j'étais juste le petit dernier, plutôt heureux dans son environnement, mais très timide, à l'école comme ailleurs. Jamais très à l'aise par exemple quand il fallait lire devant tout le monde, confondant B et les P, sans savoir qu'il s'agit d'une caractéristique assez classique des dyslexiques.

Je n'étais d'ailleurs pas une flèche dans ma scolarité. Si Raimundo avait été inscrit à l'école avec un an d'avance, mon père a bien essayé de faire la même chose avec moi mais rapidement, tout le monde s'est aperçu que c'était un peu trop tôt… J'étais un enfant rêveur, distrait, un peu introverti sans doute, l'esprit toujours en train de s'échapper. Sans souvenir précis de ce qui me faisait m'éloigner du monde, mais avec cette impression parfois de ne plus être au milieu des miens.

Un jour, Sóstenes avait appelé à la maison pour que quelqu'un vienne le chercher là où il était. C'est moi qui avais décroché. J'ai écouté sa demande, posé le combiné et suis reparti jouer avec mes amis… Sóstenes était revenu à pied et n'avait plus eu qu'à raccrocher le téléphone !

***

En 1970, j'ai donc cinq ans, le Brésil est champion du monde pour la troisième fois. Je me souviens de la télévision couleur que mon père venait d'acheter, des matchs de feu jusqu'à la finale victorieuse contre l'Italie. Emballé comme moi, Raimar me motive pour jouer avec lui, il a deux ans de plus que moi, et à cet âge les années comptent double, voire triple.

À la maison, le couloir central devient alors le temple de nos rêves et se transforme en un majestueux stade de foot. Notre imagination est sans limite. Deux chaises deviennent les buts, des règles sont définies, des scores se font et se défont. C'est là que j'apprends les premiers gestes. Raimar, malgré la rivalité, est très vite admiratif de ce que je fais, alors, pour ne pas perdre la face lorsque nous jouons l'un contre l'autre, il n'hésite jamais à tricher pour gagner. Si je menace de l'emporter, fou de rage, comme il fait du judo, il m'envoie valdinguer d'un mouvement d'épaule...

Raimar est le premier à voir que j'ai des dispositions.

Un jour que nous allions ensemble chez le coiffeur, c'est probablement la première fois qu'une comparaison est faite avec Sócrates. Il a alors 21 ans, j'en ai à peine 10. Le coiffeur demande à Raimar si quelqu'un d'autre dans la famille a hérité des mêmes dispositions que notre frère aîné. D'un doigt, il me désigne : « *Celui-là, coupe-lui bien les cheveux, il va aller loin.* »

La première conscience de mon talent arrivera plus tard encore, parce que je cherchais avant tout à m'amuser. Le basket fut ma première passion, je ne m'y débrouillais pas mal : à 12 ans, notre équipe du Clube Recreativa de Ribeirão Preto était vice-championne de l'État de São Paulo. Le souvenir de cette place inattendue pour notre petite formation m'est resté en mémoire, presque aussi fort que ceux que j'emmagasinerai plus tard.

Question ballon rond, c'était donc plutôt le football de rue, avec les copains. Il faut croire que, là encore, j'avais des prédispositions. Vers 13 ans, un camarade de classe m'avait demandé un autographe, je lui avais donné, en lui disant de le garder, si un jour… Un autre, après un petit match, m'avait dit : « *Quand tu prends le ballon, tout change.* »

Je m'amuse fort, je ne fais pas attention à un éventuel avenir, suivre la trace de Sócrates n'est même pas un chemin de terre taillé à la machette. Mais celui-ci va prendre forme lentement. D'abord j'ai commencé à constater que plus en plus de monde venait regarder le match de l'école le samedi, « *il y a quelqu'un qui joue bien* », murmurait-on. Le quelqu'un, c'était moi. Après les matchs, on venait me parler, me féliciter, me demander pourquoi j'avais fait tel geste, ou telle passe…

Même si, dans mes rêves, il m'arrivait d'imaginer un destin glorieux, je ne pensais pas devenir professionnel. Les parents ne me poussaient pas trop, pour eux, c'étaient les études d'abord, et puis, à nouveau, mon père ne pouvait pas croire un instant que deux de ses fils, soit un tiers de sa production, seraient doués pour le foot.

Je ne commence vraiment à jouer qu'assez tard, vers 14-15 ans, en m'inscrivant au Botafogo de Ribeirão Preto. Mais je ne me rends aux entraînements qu'avec parcimonie, du genre une fois par semaine, je préfère encore jouer dans le quartier, en toute liberté. C'est d'ailleurs là que Renatinho, un petit gaucher qui jouait déjà au Botafogo et avec qui je disputais régulièrement des *peladas*, ces petits matches entre amis, à la plage comme dans la rue, m'a dit un jour : « *Il faut absolument que tu viennes faire un essai au club, tu es trop fort !* »

Raimar me rappelle souvent qu'à 16 ans, un matin où je n'avais pas vraiment envie de me lever pour aller jouer, le bus du club, staff et joueurs à l'intérieur, s'était arrêté devant la maison. Il avait fallu me réveiller pour que je parte avec eux J'avais sans doute des qualités. Peut-être même étais-je un peu différent des autres.

Mais la vie qui m'attirait n'est pas celle-ci. J'avais vu naître en moi comme une soif de dépaysement, un désir de longs voyages en solitaire. La culture « hippie » occupait mon esprit, je voyais Sóstenes partir seul pour les grandes vacances, à pied en faisant du stop, puis revenir deux mois plus tard, les cheveux longs, tout maigre, car il n'avait rien mangé… Il avait pourtant l'air le plus heureux de tous.

À cet instant, mon inconscient me menait plus vers le sac à dos que vers le sac de gym, plus vers les grands espaces que derrière un ballon.

IV. Quand tout a changé

La bascule se fait quand Tina Bellissimo, ma première petite amie, m'annonce qu'elle pense être enceinte. J'ai 17 ans, elle en a 16. Je n'étais jusqu'alors qu'un gamin, je vais grandir d'un coup... Je dois assumer, toujours selon les préceptes de mon père qui nous rappelait souvent que chaque homme était avant tout responsable de ses propres actes.

Je n'annonce pas immédiatement la grossesse de Tina à mes parents, je décide de ne le faire que le jour où j'aurais trouvé une solution. Je choisis d'abandonner d'abord le football de rue, et les petits plaisirs de la vie, pour devenir joueur professionnel. Ou du moins, pour trouver un boulot au Botafogo... Le premier job que l'on m'avait proposé, vendeur de chaussures dans un magasin, ne m'ayant guère emballé.

Je vais donc voir le président du club, je lui demande un contrat. Il me propose juste un premier travail comme employé du club, parce qu'il ne voulait pas me faire signer tout de suite comme joueur professionnel. J'accepte évidemment, en échange d'une sorte de Smic brésilien, qui représente déjà une somme considérable pour moi.

Il me faut ensuite juste trouver un logement, un studio fera l'affaire.

En attendant, je raconte ce qui nous arrive à Raimundo, alors en train de poursuivre ses études de médecine. Ni une ni deux, il prend les choses en main et fait réaliser un test à Tina... Nous n'y avions même pas pensé, manque de maturité, trop jeunes, trop naïfs aussi. Le test est évidemment positif. Je raconte tout à mon père et lui dis que je viens de passer un mois à chercher une solution, je lui explique le contrat signé, la vie à deux malgré notre jeune âge, la recherche d'un petit appartement. Je ne suis pas sûr qu'il ait été emballé par la situation, ni par la décision prise par son dernier fils : « *Si c'était arrivé à Sóstenes, lui, il aurait immédiatement trouvé la bonne solution* », m'a-t-il dit.

Jamais Tina et moi n'avions pensé à l'avortement, geste interdit de toute façon au Brésil...

Puis mon père s'est radouci, il a voulu que nous nous installions chez eux, que ma mère accueille sa belle-fille comme il se doit, au moins le temps que l'enfant arrive. Tina et moi avions accepté mais après la naissance d'Emanuella, nous sommes partis habiter ailleurs. Quant aux parents de Tina, surpris eux aussi par ce coup d'accélérateur de la vie, ils ont mis quelque temps avant de resserrer les liens un peu distendus qu'ils entretenaient avec leur fille.

***

Si tout cela ne m'était pas arrivé, je ne serais peut-être jamais devenu footballeur professionnel. Car tout s'est alors se précipité.

Je n'avais que 17 ans, je n'étais pas sérieux. Du jour au lendemain, je suis devenu le joueur professionnel que je suis resté depuis. Je ne jouais que pour m'amuser... j'ai fini par être le plus assidu aux entraînements... J'ai commencé à gagner un peu d'argent, pour m'aider à avancer...

J'ai continué mes études, en histoire d'abord, un domaine qui m'a toujours beaucoup plu, avec, c'était presque prémonitoire, une étonnante prédilection pour l'histoire de France et notamment la Révolution de 1789. J'étais fasciné par ce mouvement de révolte collective, de chute de l'autorité divine, du basculement des valeurs et de la nouvelle hiérarchisation des classes sociales...

Je ne resterai dans ce cursus qu'un an et demi, avant de bifurquer, pour des raisons d'avenir à assurer, vers un diplôme d'éducation physique. Toujours plus responsable, je pensais alors que si le foot ne marchait pas, je pourrais conserver un emploi dans ce monde de l'effort, de la sueur et du plaisir.

Tina et moi nous sommes mariés la même année, Emanuella est arrivée, et Raissa, notre seconde fille, est née cinq ans plus tard. Notre mariage a duré 16 ans.

***

En même temps que je suis littéralement porté par les responsabilités qui m'incombent, des doutes apparaissent et flottent régulièrement à la surface : est-ce bien la profession à laquelle j'aspire ?

Mes yeux vont s'ouvrir au fil des jours. D'autant que je grandis aussi physiquement, je dépasse maintenant les autres en taille, je m'étoffe musculairement.

Mon nouveau profil suscite donc l'intérêt, la comparaison avec Sócrates s'amplifie… Comme lui, je suis progressivement replacé sur le terrain : plutôt ailier, je revêts maintenant le maillot du numéro 10…

Je me pose néanmoins des questions et interroge mes amis, mes coéquipiers, les uns après les autres : « *Est-ce que tu penses que je peux devenir un grand pro ?* »

Tous me répondent oui !

Deuxième partie

I. Au Botafogo de Ribeirão Preto

Finis les matins dominicaux à somnoler alors que l'équipe m'attend, finies les arrivées en dernière minute à l'entraînement, où il me fallait courir rejoindre mes partenaires sans même éteindre le moteur de la voiture, fini de filer vers d'autres plaisirs plus ou moins coupables en oubliant de prendre ma douche après l'entraînement. Je deviens le footballeur professionnel que je n'avais jusqu'alors pas rêvé d'être. Malgré moi, ou presque. Appelons cela une forme de destin...

Comme je n'ai que 17 ans, je commence par jouer avec l'équipe des jeunes du Botafogo, qui n'est pas le club le plus réputé de l'état. Mais très vite, je suis surclassé pour pouvoir évoluer aux côtés de joueurs un peu plus âgés que moi. Je suis ainsi appelé pour disputer la Copa São Paulo, un tournoi réservé aux jeunes qui ont entre 18 et 20 ans – et qui pourrait être l'équivalent de la Coupe Gambardella en France. C'est un tournoi de quelques semaines, qui se déroule pendant que les vrais pros sont en vacances ; les équipes viennent de tout le pays, les ambitions sont affichées et les matchs assez accrochés. Une question de suprématie nationale, déjà...

Je débute sur le banc de touche. Mais dès le deuxième match, je suis titularisé, et dès lors, je ne sortirai plus du onze de départ.

Nous irons jusqu'en finale, que nous perdrons face à l'Atletico Mineiro, club de Belo Horizonte, ville du Minas Gerais. Je me souviens juste qu'en demi-finale, face aux talentueux jeunes joueurs du club de Santos, le légendaire club de Pelé, je marque un but, à la suite d'une frappe de loin en dehors de la surface.

Se souvenir reste toujours un exercice compliqué pour moi, parce que creuser dans mon propre passé est une activité qui ne m'a jamais fasciné, j'ai toujours préféré regarder devant moi. Et surtout, en ce qui concerne le football, je crois que je n'ai jamais fait grand cas de mes prestations personnelles. L'important à mes yeux a toujours été le groupe, et non l'individu. Je me suis perpétuellement senti au service de mes coéquipiers et c'est ensemble que nous nous battions pour un objectif que nous avions défini en commun.

C'est pourtant à ce moment précis que débute, évidemment malgré moi, la comparaison inéluctable avec Sócrates. Le magazine *Placar*, l'équivalent brésilien de *France Football*, est le premier à publier une photo de nous deux ; j'étais encore assez maigre et je lui ressemblais un peu, et l'article laisse entendre que je pourrais assez vite suivre les traces de mon aîné… Tout cela me gêne quelque peu aux entournures. Il est encore bien tôt dans ma carrière et, contrairement à mon « Docteur » de frère, je n'ai encore rien prouvé.

Être mis en avant n'est pas ce que je recherche, mais c'est ainsi, je ne peux pas y faire grand-chose.

Petit à petit, au fil des rencontres, je vais intégrer néanmoins l'effectif professionnel et apprendre mon nouveau métier. Je porte alors le numéro 13, et me retrouve parfois le week-end à jouer d'abord avec l'équipe des jeunes puis à être appelé par l'entraîneur de l'équipe première pour venir renforcer son groupe. Là encore, je ne suis que remplaçant, mais la première fois où j'entre en jeu, nous sommes menés 1-0. Je ne marque pas de but mais délivre deux passes décisives qui nous permettent de remporter le match.

De retour à la maison après cette victoire, j'offre mon maillot à mon père qui va le garder comme une relique, avec une certaine fierté : comme si maintenant, il lui paraissait tout à fait possible que deux de ses enfants fassent une carrière dans le football professionnel.

Je n'ai pas encore 20 ans lorsque je deviens titulaire inamovible.

Raconter tous les matchs disputés à cette époque ne présente là encore guère d'intérêt. À quoi bon, ce ne serait qu'une litanie classique et monotone de rencontres à domicile, de déplacements plus ou moins compliqués, de victoires, de défaites, de nuls. Je ne suis qu'en apprentissage, les matchs et leurs résultats finaux coulent sur ma peau comme l'eau sur les plumes d'un canard.

Parfois seulement, ma mémoire conserve quelques instants, peut-être parce qu'ils se révélèrent plus décisifs que d'autres.

Se dessine par exemple une rencontre cruciale pour assurer le maintien du club. Nous sommes le premier semestre de 1986, et nous terminons avec le championnat de São Paulo. Le dernier match de la saison se déroule chez nous, à l'Estadio Santa Cruz, devant quelques dizaines de milliers de supporters à la fois remontés et exigeants. Il nous est interdit de perdre, car nous descendrions alors en deuxième division.

Le Santa Cruz est un stade qui fait la fierté de la ville. Plutôt moderne pour l'époque, il paraîtrait bien désuet aujourd'hui. Pas de luxe, pas d'ostentation, du béton, peu de gradins, des places debout, une capacité d'environ 40 000 personnes. Une petite piscine dans les vestiaires et des douches froides alimentées par des sources d'eau douce et saine, l'une des spécificités de la ville. Au Brésil de toute façon, avec le climat, nous avons rarement besoin d'eau chaude !

Ce jour-là en tout cas la pression est sur toutes les épaules, même les miennes.

Durant toute la saison, les sifflets n'ont jamais été loin, nos fans étaient aux aguets et ne laissaient rien passer : pour eux il est hors de question que leur club favori descende en deuxième division !

Je rentre sur le terrain, concentré comme tous mes partenaires. Je n'entends rien, ni les cris, ni les encouragements, je ne me préoccupe pas de ce qui se déroule en tribunes, je ne désire qu'une chose, que mon équipe conserve sa place au sein de l'élite du championnat paulista.

Le match débute et nous bénéficions d'un penalty au cours de la première mi-temps ; hélas le gardien de but adverse remporte son duel face à notre joueur et le score reste vierge. Nous ne sommes pas encore sauvés. Alors qu'il ne reste plus qu'une poignée de minutes à jouer, un second penalty est sifflé en notre faveur. Ce jour-là, mon père et Sócrates sont présents dans les tribunes. Combien sont-ils – dont les membres de ma propre famille –, à ne pas imaginer que je vais prendre le ballon et me charger de tirer ; mon père n'en croit pas ses yeux, mon frère a compris qu'il fallait que j'en passe par là.

Combien sont-ils à se dire qu'en cas d'échec, je joue sinon ma vie, du moins la suite de ma carrière ?

J'ai pourtant le sentiment que rien ne peut m'arrêter, je m'empare du ballon, le pose, prends quelques pas d'élan et marque le but. Nous sommes tirés d'affaire !

***

La seule chose que je sens évoluer notablement, au fil des mois passés au Botafogo, c'est que, petit à petit, je prends confiance en moi. La timidité n'est pas une maladie qui se soigne, juste un supplément d'assurance qu'il convient d'acquérir. Sur, et même en dehors du terrain.

D'autant que durant la saison précédente, en 1985, le club est déjà vraiment mal en point, non seulement les résultats ne suivent pas, mais l'argent vient aussi à manquer et le paiement de nos salaires est retardé de manière systématique.

Alors que nous n'étions pas payés depuis un moment, nos dirigeants nous ont annoncé que pour être mieux armés dans notre lutte pour le maintien, ils avaient décidé de recruter deux nouveaux joueurs. Ma spontanéité à réagir n'était pas feinte, et lors d'une réunion, j'ai pris la parole, un peu au nom des autres jeunes joueurs : « *Excusez-moi, mais pourquoi dépenser encore de l'argent pour de nouveaux joueurs alors que cela fait maintenant trois mois que nous ne recevons pas notre salaire... Cela ne me paraît pas bien normal...* »

Le club a alors fait un effort pour payer tout le monde. Ce qui n'était pas énorme. Je dirais, aujourd'hui, que ce que je touchais alors devait correspondre à deux fois le salaire minimum brésilien, soit deux fois 500 €, à la louche... Plus quelques primes de résultats distribuées en liquide au fil des rencontres. Les dirigeants, et les joueurs un peu plus âgés que moi, ont cependant compris que j'avais les capacités pour devenir une sorte de leader, que j'étais capable d'assumer, de revendiquer, de négocier, voire de dire non ! Ils ont vu que j'étais quelqu'un capable de convaincre un groupe et d'emmener mes partenaires derrière moi.

Un an après, j'étais devenu capitaine de l'équipe...

J'étais leader, tout en essayant de ne jamais me départir de cette humilité qui, me semble-t-il, caractérisera l'ensemble de ma carrière. Encore une fois, un homme seul n'est rien sans un collectif. Quelles que soient ses compétences, ses forces ou son talent. En football, je ne connais personne qui ait remporté un titre tout seul !

Je reste donc le jeune qui porte les sacs des anciens, qui attend avant de se doucher, qui écoute avant de demander la parole, qui s'inspire un peu de l'expérience de ceux qui l'ont précédé.

Auprès des plus jeunes, en revanche, c'est plutôt le contraire, c'est souvent moi qu'ils écoutent. À tel point que j'ai l'impression d'être au milieu de ces deux rives générationnelles.

Et voilà qu'au cours de cette même saison 1985, une nouvelle situation inattendue se profile. Une autre fin de championnat, un besoin de points pour nous et pour nos adversaires, qui se trouve être l'autre club de la ville, le Comercial de Ribeirão Preto : à nouveau, un match nul arrangerait tout le monde. Un accord semble même possible, ce n'est pas si rare dans notre joli petit monde.

D'autant que c'était une époque où les matchs à trois points n'existaient pas. Une victoire n'en rapportait que deux, et donc donnait du poids à un résultat nul qui accordait un point important à chacune des équipes.

Une négociation paraissant possible entre nos deux formations, les dirigeants ont appelé le joueur le plus âgé de notre club, pour lui expliquer ce qu'il serait souhaitable de faire. Le joueur a évidemment donné son accord en précisant qu'il fallait quand même me demander mon avis : « *Moi, je peux gérer les anciens, mais pour les jeunes, c'est Rai qui doit leur parler.* » Les dirigeants m'ont alors appelé, et m'ont proposé le même arrangement. J'ai évidemment dit non, parce qu'à mes yeux, il était hors de question de rentrer dans ce genre de considérations malsaines. Pour moi il fallait simplement jouer le jeu.

Ma réponse avait mis fin aux tractations éventuelles, sans que je ne me rende véritablement compte de l'influence que j'avais déjà sur mes partenaires.

Tout le monde s'est calmé, le match a eu lieu, nous avons tout fait pour l'emporter sans toutefois y parvenir. Le match nul a satisfait tout le monde, et j'avais en tout cas la conscience tranquille.

Lorsque j'évoquerais plus tard ce genre de pratique avec Sócrates, mon aîné me disait qu'en Italie, c'était une chose courante, mais que lui aussi refusait ce jeu qui faussait la réalité de notre sport, et que c'était l'une des raisons qui l'avait poussé à rentrer au pays après un an passé à la Fiorentina.

***

Au fil de saisons plus ou moins chaotiques, j'ai conscience de m'améliorer dans tous les domaines et que mon rôle devient de plus central au sein du Botafogo. Mon nom circule même de plus en plus dans les instances de clubs plus huppés que celui auquel j'appartiens et pour lequel je me dévoue désormais corps et âme.

En 1987, j'ai 21 ans, et contrairement aux années précédentes, nous réalisons une super saison au sein du championnat de São Paulo, à l'époque le meilleur championnat du Brésil ; nous faisons la course en tête et plus que jamais je me retrouve au centre des discussions.

Seulement, comme mon club ne dispute que ce championnat-là, et pas le championnat national, qui dure la moitié de l'année, les dirigeants, une fois la demi-saison terminée, décident alors de me prêter au Ponte-Preta, le plus ancien club du Brésil, créé en 1900 par les étudiants d'un collège et au sein duquel jouaient des joueurs blancs en même temps que des joueurs noirs, ce qui était tout à fait exceptionnel à l'époque, le football étant l'apanage des riches élites à la peau claire. Depuis, et c'est un peu comme un clin d'œil aux combats politiques que mon frère Sócrates menait alors, le club a été reconnu par la FIFA comme « la première démocratie raciale du monde. »

Me voilà en tout cas à Campinas, à une centaine de kilomètres au nord de São Paulo, pour une durée de six mois, où je dispute donc le championnat brésilien. Je joue plutôt convenablement, si bien même qu'à l'issue de mon prêt, ils sont nombreux, supporters et dirigeants, à vouloir que je reste. Sauf l'entraîneur, Cilinho, qui, semble-t-il, a des doutes sur mes capacités à devenir un grand joueur, parce qu'il me trouve un peu trop lent…

Je reviens donc au Botafogo, et prends désormais mon mal en patience, attendant de voir comment ma propre situation évolue.

Tout va s'accélérer lorsque, alors que je ne m'y attends pas, je suis appelé pour la première fois en sélection nationale, juste après la Coupe du monde 1986. Au cours de celle-ci, l'une des plus belles équipes du Brésil de tous les temps, emmenée par mon frère et quelques stars du même acabit dont les noms résonnent toujours au firmament du football (Zico, Careca, Junior et les autres), avait pourtant été éliminée aux tirs au but par les Bleus de Michel Platini. Si jamais vous avez l'occasion de revoir ce match, n'hésitez pas une seconde, il représente sans doute la quintessence de ce que peut être une rencontre de très haut niveau entre deux équipes au sommet de leur art.

À l'époque, je ne me rendais pas compte de ce que Sócrates représentait, notamment au cours de cette formidable période qui allait de 1982 à 1986. Mais aux yeux de tous, il était temps semble-t-il, après l'élimination, de transmettre le flambeau, pour le passer à la génération suivante. Génération dont j'allais faire partie, sans m'en douter encore une seconde, aux côtés de certains joueurs dont les noms, là aussi, brillent toujours au firmament de notre football national : Valdo, Dunga, Romario, Bebeto, etc.

D'ailleurs, si la sélection nationale avait décidé de faire appel à moi, c'est justement parce que Bebeto, qui à l'époque jouait pour le Flamengo, avait un match important à disputer et n'avait pas été libéré par son club.

Il ne s'agissait en effet que d'un tournoi amical, entre l'Angleterre, l'Écosse et le Brésil, disputé au Royaume-Uni. Évidemment, je ne m'y attendais pas du tout, j'étais d'ailleurs en pleine sieste, lorsqu'un ami journaliste est arrivé à la maison et m'a appelé en urgence : « *Raí, Raí, Raí, tu es convoqué en équipe nationale !* » Comme il était toujours susceptible de me faire des blagues, j'ai dû attendre un peu pour apprendre, à la radio, que j'étais effectivement bel et bien appelé et qu'il me fallait rejoindre au plus vite l'équipe nationale, déjà arrivée sur le sol anglais.

Il m'était déjà arrivé de voyager mais pas d'aller aussi loin, ni de traverser l'Atlantique… C'était une première ! Seul, et à l'international. Je n'ai pas le temps de réaliser ce que cela pouvait représenter pour moi que je m'envole. Je pars du jour au lendemain, sans argent et en ignorant le nom et l'adresse de l'hôtel londonien où résident mes compatriotes. Sans oublier un transit obligé lors d'un stop à Paris, un avion raté, et une arrivée dans un aéroport différent de celui qui était prévu.

Je n'avais pas d'argent, je ne parlais pas un mot d'anglais, et, pour couronner le tout, nous étions un dimanche. Je crois que j'étais à deux doigts de fondre en larmes…

Je n'avais avec moi que la convocation de la sélection. Le comptoir de la compagnie aérienne était fermé, l'ambassade impossible à joindre. Heureusement, en me faisant aider par un jeune homme qui m'a pris en pitié, nous sommes parvenus à contacter un garçon qui travaillait au consulat du Brésil. Le lien était fait ! J'ai obtenu l'autorisation de prendre un taxi pour rejoindre l'équipe, et la garantie que la course serait payée une fois arrivé à bon port… Sauvé !

Le lendemain de mon arrivée, j'ai rejoint tout le monde pour un petit entraînement collectif à Hyde Park, histoire de retrouver un semblant de décontraction. Et le 29 mai 1987, j'ai un premier rendez-vous avec l'histoire. À Wembley, l'autre temple du ballon rond, un stade qui respire et vibre le football comme chacun de ces lieux emblématiques à l'intérieur desquels je vais poser mes crampons au cours de ma carrière. 92 000 personnes sont là. Mais pas pour moi : avec Dunga, qui deviendra l'un des très grands joueurs de sa génération, nous ne sommes que remplaçants.

Les Anglais marquent à la demi-heure de jeu grâce à l'inévitable Gary Lineker. Nous répliquons par un but de Mirandinha et égalisons dans la foulée. Sur le bord du terrain, nous n'en pouvons plus. Dunga et moi, rentrons en deuxième mi-temps, je remplace Edu et lui prend la place de Silas. Le match se termine sur un score équitable.

Silas, qui s'est blessé pendant la rencontre, ne jouera pas le match suivant, prévu à Glasgow contre l'Écosse, je suis donc titularisé à sa place. Nous l'emportons deux buts à zéro, à Hampden Park, encore un lieu mythique.

Pour la petite histoire, et à destination de mes amis français, ce sera la dernière fois qu'un match se disputera dans cet antre maudit pour les Stéphanois avec les fameux poteaux carrés[1]. Ceux-là mêmes qui interdirent aux Verts de remporter la Coupe des clubs champions, un certain 12 mai 1976. Ils furent finalement démontés et remplacés par des montants ronds, comme partout ailleurs. Ils l'auraient été quelques années auparavant, la face du football français aurait peut-être changé !

Heureusement, nous ne connaissons pas le même sort.

Je marque à la cinquantième minute, et Valdo assure le coup en doublant la mise dix minutes plus tard. Une victoire, un

1. Lors de la finale de la Coupe des clubs champions, face au Bayern Munich, la forme des poteaux – ils sont aujourd'hui ronds – a fracassé les rêves de grandeur des Verts. Notamment lorsqu'un tir de Dominique Bathenay, puis une tête de Jacques Santini sont venus s'écraser sur la barre transversale. Si les poteaux avaient été ronds, les deux occasions se seraient peut-être transformées en but, et Saint-Étienne aurait alors battu les champions allemands…

nul, je remporte avec mes partenaires mon premier succès international, que tout le monde a sans doute oublié et qui se nommait Stanley Rous Cup, du nom de l'ancien président de la FIFA, qui resta en poste de 1961 à 1974. Un trophée sans grande valeur si ce n'est celle que lui accordent mes premiers pas avec le maillot auriverde…

Nous terminons notre tournée dans les îles britanniques par un troisième match amical face à l'Irlande, je suis remplaçant avec Romario et nous entrons à l'heure de jeu. Malgré nos efforts, nous perdons la rencontre 1-0, but de Liam Brady à la 33e minute. Pour ne rien vous cacher, je suis allé vérifier tout ça sur des sites officiels. Mes souvenirs se mélangeaient un peu.

Ce dont je me souviens en revanche, c'est de mon retour à Ribeirão Preto quelques semaines plus tard ; la ville était en fête pour accueillir son nouveau héros, sa « petite pépite », comme me surnommaient certains. Je ne m'y attendais guère, tout comme je n'étais pas préparé, quand je suis retourné à l'université pour suivre mon cursus en éducation physique, à ce que, là encore, tout le monde m'applaudisse et chante mes louanges.

Quelques jours plus tard, je fêtais mes 22 ans ; et quelques jours plus tard, alors que le téléphone continuait à chauffer, j'annonçais que je quittais le Botafogo pour rejoindre le São Paulo FC.

Je suscitais depuis quelque temps la convoitise d'autres clubs, dont les fameux Corinthians chez qui avait évolué Sócrates et qui ne me lâchaient pas d'une semelle depuis quelques mois : depuis que, dans un match capital, disputé au Pacaembu, le stade où mon frère avait tant brillé quelques années auparavant, j'avais marqué trois buts, pour une victoire à l'extérieur, 4-3. Mais à mes yeux, il n'y avait pas photo, malgré le parcours de mon frère chez les Corinthians, malgré ce match abouti, j'ai préféré choisir le club le mieux structuré, le mieux organisé, celui qui faisait rêver tous les jeunes de l'État et d'ailleurs, et qui lui aussi me suivait depuis de nombreux mois.

C'est mon père qui me servait d'agent et c'est donc lui qui avait entamé les pourparlers et négociait avec le président du club. Malgré l'immense respect que j'ai pour lui, mon père n'était probablement pas le plus habile des négociateurs, mais ce n'était pas bien grave : il disait oui à tout, tellement désireux d'assurer à son dernier fils un avenir que personne pourtant n'imaginait aussi doré que ce qu'il allait être.

Je me souviens que l'une des premières fois où mon nom est apparu dans les titres des journaux, c'est lorsque les médias ont appris que j'allais rejoindre le São Paulo FC, contre une somme qui paraîtrait bien misérable aujourd'hui… Quelques milliers de *cruzeiros*, la monnaie brésilienne d'alors. Pas grand-chose à voir avec les millions échangés lors des transferts les plus récents…

II. Bienvenue à São Paulo

C'est l'histoire d'un jeune homme de province qui arrive dans la grande ville et se sent un peu perdu. La mégalopole me fait peur, la foule, le trafic, le bruit, les gens même… Vivre dans une telle excitation perpétuelle me semble être une punition, trop de voitures, de camions, d'embouteillages, je peine même à entrer sur les routes à grande circulation. Il a pourtant bien fallu que je me plie à cette nouvelle existence. J'avais 22 ans, Tina ma femme, 21, Manuella notre fille était maintenant une enfant de 4 ans, et Raissa, qui habite Paris aujourd'hui, n'allait pas tarder à pointer le bout de son nez.

Mon adaptation, comme toujours, s'est faite lentement, avec comme avantage indéniable d'avoir signé dans un club très bien structuré.

Mais, maudite contrariété, le week-end avant d'arriver, je me suis blessé à la cuisse en tournant un petit spot publicitaire : un sponsor du club voulait me filmer en train de frapper dans un ballon. J'avais dû recommencer un nombre incalculable de fois. Résultat : une douleur au quadriceps, et l'impossibilité de m'entraîner correctement.

Ajouté à cela, ce légendaire temps qu'il me faut toujours pour trouver mes marques au sein de mes nouvelles équipes, pour me sentir à l'aise, pour m'ouvrir. Non encore une fois que je sois introverti, mais j'ai encore en moi ces filaments de timidité qui disparaîtront au fil du temps.

C'est à São Paulo que je vais changer de dimension, mais pas immédiatement. Je retrouve avec étonnement Cilinho, le coach de Ponte Preta qui ne voulait pas de moi lorsque j'y jouais, et qui venait lui aussi de signer au São Paulo FC. Étrangement, il n'éprouvait plus aucun ressentiment à mon égard ; ce qui lui valut quelques dissensions avec les supporters et les dirigeants de son précédent club qui avaient du mal à digérer sa volte-face à mon égard. Cilinho savait sans doute sciemment ce qu'il faisait lorsqu'il avait refusé que je signe là où j'avais été prêté…

Il commence par me faire jouer avant-centre remplaçant, me laissant rentrer en jeu au fil des matchs. En toute honnêteté, je ne suis pas très bon. Je ne joue pas bien, j'ai du mal à trouver mes marques, sans doute cela a-t-il à voir avec la gestion de mes émotions, à la confiance que je dois gagner au sein du groupe… Cela se fera comme toujours de manière progressive, sans doute ai-je besoin de me sentir chez moi, d'avoir mes repères, de mieux connaître mes partenaires. Cela m'arrivera aussi quelques années plus tard lorsque je débarquerai en France. En pire presque, puisque je représenterai alors l'étranger qui arrive pour prendre la place du joueur local… Mais j'en reparlerai en temps voulu.

Ici en tout cas, je croise des joueurs de haut niveau, comme Oscar, un arrière international, ou Müller, un attaquant, alors que Careca, l'avant-centre-star que je suis censé remplacer au sein de l'équipe, est parti pour jouer à Naples. Cilinho pensait que je pourrais prendre sa place, mais cela n'a pas fonctionné. J'avais beau le lui dire lorsque nous discutions, les autres joueurs avaient beau en rajouter en arguant que je serais meilleur au milieu du terrain, il a fallu quatre ou cinq mois avant que je sois numériquement replacé en numéro 10. À partir de cet instant, en revanche, tout s'est mieux déroulé. Nous avons commencé à remporter quelques titres, nous sommes ainsi sacrés vainqueur du championnat paulista en 1987, comme nous le serons en 1989, 1991 et 1992.

Et surtout, je suis nommé capitaine deux ans après mon arrivée ! L'exemplarité, la réussite, le sens probablement des relations humaines et de leur importance ont lentement gommé ma réserve naturelle... L'une de mes qualités devant probablement d'être capable de m'entendre avec tout le monde, même au sein d'un groupe dont les personnages n'ont ni les mêmes envies, ni la même culture, ni la même formation. On n'acquiert le respect de ses semblables qu'en les respectant soi-même, et c'est un peu ce qui a toujours guidé ma vie.

Être un relais, partager, souder ensemble des personnalités qui n'ont parfois pas grand-chose en commun, pour construire une ambiance positive et rendre un peu moins consternants ceux qui le sont, car il y en a toujours dans groupe composé d'individualités différentes, voilà le tableau qui pourrait résumer ma façon de voir les choses.

Mais pour cela, j'ai eu besoin de temps, même si, ensuite, tout m'a paru naturel, presque malgré moi. Aucun de mes amis avec qui je m'amusais lorsque j'avais 13 ou 14 ans, n'aurait pensé que je deviendrai celui que je suis devenu !

Je pourrais rajouter peut-être que je disposais d'un peu de talent, mais je ne crois pas que ce soit le plus important.

Me voilà donc équipé du brassard de capitaine. Je n'ai que 24 ans, j'ai atteint ma taille adulte, 1,90 m, et surtout, je me suis étoffé physiquement. Le club est donc l'un des plus en pointe du pays, et dispose d'une équipe médicale dédiée, d'un physiologue, de préparateurs physiques, etc. En Europe, tout cela existait déjà, chez nous c'était plutôt rare, mais cela me permet de devenir un véritable athlète, de prendre un peu plus de masse musculaire, tandis que, parallèlement, j'apprends à connaître les imprévus de la vie d'adulte, économiquement parlant.

J'avais en effet signé un premier contrat de deux ans, avec un salaire plutôt élevé, qui me permettra d'acheter, à crédit mais avec un apport assez important, un premier studio, et une voiture, une Volkswagen voyage, dont le nom, assez poétique et appelant au déplacement, me plaisait bien. Volkswagen était une firme très connue au Brésil parce qu'une usine avait été construite chez nous et qu'elle produisait à la fois des voitures identiques à celles construites en Allemagne – comme le mythique Kombi ! – et des automobiles au design plus local. La « Voyage » était ainsi une déclinaison de la Gol, fabriquée chez nous et librement inspirée de la fameuse VW Golf. Toujours est-il que mes émoluments faisaient de moi sinon un homme riche, du moins un homme qui avait la sensation d'avoir réussi dans la vie. Mais toujours à l'échelle du Brésil et de son économie, c'est-à-dire qu'à l'époque, cela n'avait rien à voir là non plus avec les salaires versés dans les grands clubs européens. D'autant plus que, dès l'année suivante, le pays fut victime d'une inflation galopante qui certains mois, atteignait les 30 %. La valeur de l'argent diminuait donc au fil des jours, si bien que devant la dégradation de mon niveau de vie, mon père et moi sommes allés renégocier pour pouvoir continuer à vivre. Et ce n'était pas sur un grand pied…

Heureusement, je n'avais pas de loyer à payer, le club prenant en charge la location de mon bel appartement.

C'est à cette période que je commence à savourer les bienfaits de la ville et ses charmes si différents de Ribeirão Preto. Je sors un peu avec ma femme et quelques couples d'amis, je me rends à des concerts, assiste à des pièces de théâtre, suis des spectacles de danse, je m'adapte à la vie urbaine et y trouve finalement du plaisir. Je dirais que je m'ouvre plus encore à ce que l'existence peut m'offrir.

***

En 1990, pourtant, l'équipe est éliminée dès les phases initiales du championnat paulista alors, ici comme ailleurs, on coupe la tête de l'entraîneur. Cilinho s'en va. Arrive Telê Santana, entraîneur légendaire des années 1980. En 1982, il est le sélectionneur national de l'une des plus belles équipes brésiliennes – encore ! – au sein de laquelle évoluent déjà Sócrates, bien sûr, mais aussi Zico ou Falcao. Présentée comme l'une des favorites du Mondial, l'équipe est néanmoins battue, et éliminée dès les phases de poule, par la Squadra Azzura de Paolo Rossi qui ce jour-là marque trois buts, et finira d'ailleurs meilleur buteur du tournoi et champion du monde.

Ce match demeure aux yeux des « spécialistes » comme l'une des défaites majeures de l'histoire de la sélection brésilienne, tant tout un chacun imaginait déjà la Seleção championne du monde. Le résultat s'est même vu instrumentalisé comme symbolisant l'échec évident et regrettable d'une philosophie du football désespérément tournée vers l'offensive et le beau jeu, et à l'inverse, a été présenté comme le triomphe d'une conception plus européenne privilégiant la rigueur, l'efficacité et l'organisation défensive, « à l'italienne ». Ce match a depuis été qualifié par la presse brésilienne de « tragédie de Sarrià », nom du stade barcelonais où s'était déroulée la rencontre.

Exit Telê Santana, sacrifié sur l'autel du beau jeu… Mais pas si longtemps. Après un passage en Arabie saoudite, notre homme revient une nouvelle fois prendre en main la destinée de la sélection pour le Mondial 1986, au Mexique. Toujours le même ! Là encore, à la tête d'une brillantissime équipe, qui survole ses quatre premiers matchs avant de perdre en quarts de finale, aux tirs au but, face aux Bleus, à l'issue de cette rencontre que j'ai déjà évoquée, mais qui reste ancrée dans toutes les mémoires car considérée, au Brésil comme en France, comme l'un des plus beaux matchs de l'histoire de la Coupe du monde. De mon côté, alors que je regardais le match avec mes frères et mes amis, et alors que je perds rarement le contrôle de moi-même, j'avais, de dépit, violemment jeté ma canette de bière contre le mur. Conscient qu'il s'agissait de la fin d'une génération géniale !

Malgré ces deux échecs, Telê Santana restera à jamais le symbole du football qui ne songe qu'à l'attaque et qui, malgré l'addition des talents et des envies d'un jeu de rêve, n'a pourtant remporté aucun titre. Parangon du football moderne, tourné vers le but, le plaisir et l'esthétique, propulsé par des joueurs prêts à faire la révolution de la beauté et de l'efficacité, il n'est jusqu'alors jamais parvenu à hisser le football brésilien au sommet du niveau international...

C'est en revanche, ce qu'il va chercher à faire au sein du São Paulo FC. Et avec quel succès !

D'abord, dès son arrivée São Paulo, il donne les clés à la jeune génération. À Cafu, arrière latéral comme on en fait peu, à Leonardo, un diamant en devenir, et à moi, en charge désormais des offensives tous azimuts, et des attaques à tous crins.

Telê Santana devient ainsi la pièce la plus importante de mon évolution, celle qui me manquait. J'étais certes capitaine, mais peut-être déjà installé dans un trône un peu trop confortable, je devais même être un peu trop facile dans ma façon d'appréhender les matchs, presque confit dans le grand bain des routines installées et des satisfactions qui désormais m'indifféraient. Lui débarque avec son exigence à fleur de peau, et me tient rapidement un discours qui me titille : « *Tu es grand, tu es costaud, il faudrait maintenant que tu ailles plus souvent dans la surface et que tu deviennes un vrai buteur.* » Une sorte de tueur qui, dès qu'il le peut, serait là pour éteindre la concurrence et doucher les espoirs de l'adversaire.

Pour fouetter mon orgueil, il commença à me provoquer dès l'entraînement, ou en me mettant dans l'équipe réserve, ou en m'inscrivant comme remplaçant sur la feuille de match. Et lorsqu'il me titularisait, il me faisait souvent sortir en cours de rencontre, comme s'il cherchait à déclencher une réaction de ma part, ce qui ne manqua pas. Je retrouvais rapidement la hargne et la rage qui me faisaient sans doute défaut, effacées par le bon temps et l'absence de remise en question...

Un an après l'arrivée de Telê Santana, non seulement j'étais sacré meilleur buteur du championnat, mais une forme de complicité assez particulière s'était créée entre nous : elle pourrait presque ressembler à celle qui lie le professeur et son élève.

J'avais déjà un bon niveau, mais le coach m'a donné l'opportunité de me hisser plus haut encore. Jamais je n'avais d'ailleurs imaginé en être capable, et lui non plus probablement ! C'est bien là l'utilité des rapports humains et l'importance de la confiance que chacun donne et reçoit des autres. Toujours est-il que j'ai progressé en même temps que l'équipe et que, collectivement, mais aussi d'une certaine manière individuellement, j'ai relevé mon ambition. Jusqu'alors, j'avais la rage pour gagner des matchs, mais pas la rage d'être buteur. J'étais heureux avec les objectifs collectifs que nous fixions, et j'adorais participer à la fête en distribuant plus de passes décisives qu'en marquant des buts.

Telê Santana m'a fait comprendre que je pouvais être beaucoup plus décisif.

En même temps qu'il nous faisait travailler le collectif, l'entraîneur était d'une rare exigence avec chacun d'entre nous, sur les fondamentaux du jeu notamment, sur les passes propres, sur les gestes justes, mais aussi sur la finesse du dernier geste, sur le plus infime détail, sur la surface du ballon, sur le positionnement du pied au moment de la frappe. Il répétait, insistait, et je l'écoutais, comme on écouterait un orateur qui prêche une vérité que l'on se refusait à entendre. En un an, il m'a donc transformé et fait de moi une machine à marquer des buts. En 1991, je suis sacré meilleur buteur du championnat brésilien, ce qui ne m'était jamais arrivé auparavant.

Et s'est révélé plus encore ce plaisir difficile à expliquer et à faire partager qu'est celui du buteur. Il m'était arrivé de disputer des rencontres sans que je fasse trembler les filets et frémir les spectateurs, je n'en tirais pas ombrage. Après la période Santana, en tout cas à São Paulo, il ne s'est jamais passé plus de trois matchs sans que je marque.

J'ai pris le goût de cette extase, de cette forme d'orgasme que je ne ressentais guère jusqu'à présent. J'ai vu aussi la réaction si différente des supporters lorsque tu deviens l'homme qui fait pencher la décision. Aux yeux du monde, le buteur est certes le comble de l'individualisme, mais c'est lui qui récolte les lauriers et la gloire, même si, comme toujours, il n'est que le dernier élément d'un schéma collectif.

Je crois quand même que les supporters locaux m'appréciaient non seulement parce que je jouais désormais plus vers l'avant, que je me retrouvais plus souvent dans la surface de réparation comme me le demandait le coach, parce que j'étais à la fois capitaine et buteur mais aussi parce que – et là-dessus, je ne me referai jamais – je tentais de conserver plus que jamais mon esprit tourné vers le collectif.

Au cours de la première saison sous les ordres de Telê Santana, et à cause de notre élimination lors des phases initiales du championnat paulista de l'année précédente, nous avions été obligés de jouer dans un groupe avec des équipes plus faibles, si bien que les rencontres avec les équipes les plus huppées n'arrivèrent qu'en fin de saison. Ce qui nous permit de peaufiner notre schéma de jeu et de cimenter notre entente. Les rencontres avec les plus grands rivaux se sont donc déroulées seulement lors des phases finales, avec notamment un fameux match nul contre les Corinthians (4-4), au cours duquel je score à trois reprises.

***

Pourquoi, au moment où je me penche sur mon passé, me reviennent en mémoire certaines discussions que mon père avait alors avec Juca Kfouri, l'un des journalistes sportifs brésiliens les plus renommés du pays. Ensemble, ils aimaient se challenger et se chamailler comme deux bons amis qui se respectent. Mon père, en rigolant, lui disait toujours que j'étais meilleur que Sócrates. Juca s'esclaffait car il connaissait bien les qualités de mon frère et les blagues de mon père. Or immédiatement après le coup de sifflet final du match contre les Corinthians, le téléphone de Juca avait sonné, il avait décroché, c'était mon père : « *Qu'est-ce que je t'avais dit ? Raí n'est-il pas meilleur que Sócrates ?* » Et les deux de s'esclaffer. « *N'exagère pas Raimundo, n'exagère pas !* »

Très rapidement, les résultats du São Paulo FC suivent une courbe ascendante. En 1991, après deux finales de championnat consécutives perdues, nous emportons enfin le titre national contre le Bragantino, club plus ou moins légendaire[2], alors entraîné par Carlos Alberto Parreira, coach également mythique que j'aurai l'occasion de croiser un peu plus tard. Aujourd'hui, et c'est assez notable parce que cela démontre la globalisation de mon sport, le club est passé sous l'égide de

2. Longtemps surnommé Lingüiça Mecânica (saucisse mécanique), à la fois en clin d'œil au film *Orange Mécanique* et à la traditionnelle production locale de saucisses.

Red Bull, une marque de boissons autrichienne omniprésente dans le monde du sport.

Avec Telê Santana, notre équipe est lancée à pleine vitesse vers les sommets. Nous terminons champions. L'année suivante, 1992, sera celle de notre consécration internationale. Nous disputons en effet la Coupe Libertadores, l'équivalent en Amérique du Sud de la Ligue des champions. Une fois sortis de la phase de poule, nous éliminons successivement, en matchs aller-retour, les Uruguayens du Club Nacional de Football, nos compatriotes du Criciuma Esporte Club, puis les Equatoriens du Barcelona Sporting Club en demi-finale. Et nous retrouvons les Argentins des Newell's Old Boys, entraînés alors par un certain Marcelo Bielsa, qui fera durant quelques mois les beaux jours de l'Olympique de Marseille lors de la saison 2014-2015.

Le 10 juin, nous perdons 1-0 au Stade Gigante de Arroyito de Rosario, à la suite d'un but d'Eduardo Berizzo. Une semaine plus tard, devant 105 000 personnes en folie, dans un Morumbi plus plein qu'un œuf, je marque sur penalty à la 65e minute et égalise sur l'ensemble des deux matchs. Il faudra les tirs au but pour nous départager. Je marque à nouveau, comme deux de mes partenaires, tandis que nos adversaires échouent à trois reprises. La victoire est à nous !

Ce fut un moment de liesse collective, de folie positive bien sûr, les grandes émotions partagées, la gloire aux yeux de nos supporters, l'ivresse des victoires qui ruissellent sur le bonheur de ceux qui nous soutiennent. Et un stade qui ne se retient plus. Le Morumbi de São Paulo est une cathédrale post-moderne, un lieu de culte : construit progressivement puis développé entre 1952 et 1970, où sa capacité atteignait alors 120 000 places. Il fut d'abord baptisé « Estadio Cícero Pompeu de Toledo », avant de devenir l'Estadio Morumbi, et de voir, pour des raisons de sécurité évidentes, le nombre de spectateurs autorisés réduit à 70 000. Dommage.

En tout cas, c'est un bouleversement personnel. Une déflagration.

À São Paulo, ma vie est transformée, et pas forcément dans le bon sens ! À devoir modifier mon quotidien, à ne plus pouvoir sortir dans la rue, ou déposer ma fille à l'école, à m'interdire les promenades, à faire attention à tout, à ne plus me déplacer sans être sinon importuné du moins dérangé dans mes activités, à oublier les concerts, les pièces et les spectacles de danse. Ce sera d'ailleurs l'une des raisons qui, quelques années plus tard, me feront choisir Paris plutôt qu'un club européen où la pression populaire s'exerce jour et nuit… La France n'est pas l'Italie, l'Espagne ou l'Angleterre à ce moment-là ! Les rares fois où nous sortions, avec ma femme ou des amis, il nous fallait trouver des endroits cachés, réserver l'endroit, tout prévoir le plus tôt possible… Ce ne fut facile ni pour moi, ni pour ma petite famille. Comme si tout le monde entendait exploiter l'image du beau gosse à qui tous les succès sont offerts. Chaque personne rencontrée voulait être mon ami, les hommes, les femmes, les politiques, les chefs d'entreprise. Il n'est jamais facile de faire un tri entre la réalité d'une amitié et les sombres calculs de ceux qui entendent profiter de la visibilité d'un personnage public.

Heureusement, mon mariage m'a protégé des faux pas qui sont pourtant légion dans notre monde. Je ne cherchais qu'une vie normale, je ne voulais pas d'une existence de star adulée et poursuivie dès qu'elle fait un pas dehors.

C'est une période où même ma propre famille hésitait à venir me voir. Je pense notamment à mon père qui avait toujours trouvé le temps et l'énergie pour suivre passionnément les rencontres disputées par Sócrates, même s'il restait constamment tendu, à la fois pour le côté réussite sportive mais aussi vis-à-vis des prises de position courageuse de mon frère aîné. J'ai le sentiment qu'il n'avait pas forcément envie de revivre cela avec moi.

Alors, il m'appelait juste après les matchs, pour connaître mon ressenti et me faire partager le sien, mais c'était tout. Quant à Sócrates, il avait 33 ans lorsque j'ai signé à São Paulo, il était parti en Italie, était revenu, avait joué dans différents clubs avant de mettre un terme à sa carrière… Je n'aurai qu'un regret, éternel, celui de n'avoir jamais joué contre lui. Lorsque j'avais été prêté à Ponte Preta, il jouait alors au Flamengo, et nos deux équipes s'étaient affrontées, hélas, il était blessé. Un peu plus tard, alors qu'il avait signé à Santos, c'est moi qui, blessé à mon tour, lui fis faux bond lors de la rencontre opposant nos deux clubs.

III. Le Barça en Coupe intercontinentale

Revenons à 1992 et à cette victoire en finale de la Coupe Libertadores. Le succès nous garantit de grimper un échelon supplémentaire dans la notoriété planétaire : se dresse devant nous la finale intercontinentale qui doit donc, en fin d'année, opposer le vainqueur de la Libertadores et l'équipe qui a remporté la Ligue des champions européenne. Nous donc, et le FC Barcelone coaché par Johan Cruyff.

Nous sommes le 13 décembre, une date difficile à oublier. Face à nous, une équipe renaissante emmenée elle aussi par la magie d'un entraîneur pas comme les autres. C'est la quatrième saison de Johann Cruyff en tant que coach du Barça. Le « Hollandais volant », l'un des plus grands joueurs de tous les temps, maître à jouer du grand Ajax d'Amsterdam des années 1970, vainqueur de trois Ligues des champions et sacré Ballon d'Or à trois reprises, capitaine de la plus brillante des sélections hollandaises de l'histoire, adepte du football total où tout le monde attaque et défend, est une légende hélas trop tôt disparue. Le jour de sa mort, en mars 2016, j'ai ressenti comme un grand vide, et je n'étais probablement pas le seul.

C'est en tout cas ce football admirable, total donc, qu'il met progressivement en place au sein du club catalan. Et si les résultats se font attendre, c'est bel et bien en 1992 que le club remporte la première Coupe des champions de sa longue histoire.

Nous les avions rencontrés l'été précédent au cours d'un tournoi amical disputé en Espagne et possédions depuis un léger avantage psychologique : lors du Trophée Tereza Herrera, disputé à Barcelone, nous avions dominé et vaincu une équipe alors en pleine préparation estivale, privée de Guardiola et de Ferrer, deux joueurs de premier plan qui fêtaient encore leur titre olympique obtenu quelques jours plus tôt. Nous l'avions emporté 4-1 et j'avais participé au succès des miens en marquant à deux reprises.

Pour la petite histoire, nous avions disputé un second tournoi à la fin de ce même mois d'août, à Cadix, toujours en Espagne et cette fois, nous avions infligé un 5-0 au Real Madrid. Juste pour replacer la valeur de notre équipe dans ce contexte…

Ce 13 décembre, nous n'en étions plus là.

Tokyo, stade national, devant 60 000 spectateurs.

Malgré tout, à cause de l'enjeu planétaire de la confrontation et de la réputation ébouriffante de la formation catalane, la Coupe leur semblait promise, le Barça pouvant à juste titre être considéré comme le Liverpool de l'époque. Faire-valoir, victimes consentantes, étaient les expressions qui revenaient le plus souvent pour caractériser alors notre équipe que personne en Europe ne connaissait vraiment. Alors qu'au Brésil, l'attente était phénoménale, la tension énorme. Il s'agissait, officieusement certes, d'un titre de « champion du monde », même si ce n'étaient que « des clubs », pour un pays qui n'en avait pas obtenu un depuis 22 ans et la victoire finale lors de la Coupe du monde 1970.

N'être que des *outsiders* ne nous plaisait guère, nous ne l'entendions pas de cette oreille, évidemment. Nous étions même convaincus que nous pouvions faire quelque chose. Moi le premier, je ne sais pas, une sorte de pressentiment, ce feeling étrange de celui qui sait qu'il va marquer. Comme si le ballon à un moment allait être attiré, aimanté par ma propre énergie. Difficile à expliquer...

Le match commence. Première action, touche pour nous, Guardiola est au marquage, je lui fais une aile de pigeon, en contrôlant le ballon avec le talon, je la réussis et le lobe. Je me sens inexplicablement en confiance. Sûr de moi, j'essaie de diffuser cette confiance à mes partenaires.

Même si, peut-être un peu paralysés par l'enjeu, nous semblons sur la retenue, crispés. Si bien que, dès la 12e minute, le Bulgare Stoïchov, autre magicien du ballon, ouvre le score d'une puissante frappe du gauche... Cela nous réveille, nous nous remettons d'aplomb pour enfin dérouler notre football. Et prendre possession du milieu de terrain, privant les Barcelonais de ce qui faisait leur force.

Le résultat ne se fait pas attendre, sur un centre de Müller, je reprends le ballon de manière assez peu académique, et le propulse du ventre dans le but de Zubizarreta. 1-1.

Nous continuons à dominer les débats et à obtenir de nouvelles occasions, sans parvenir à les convertir. La malédiction de Telê Santana allait-elle s'abattre sur nous ? Allons-nous perdre alors que nous dominons et démontrons la valeur de notre jeu ?

Non, car à la 79e, nous obtenons un coup franc quasiment dans l'axe. Cafu s'en souvient encore : il y a quelques années, il racontait comment il garderait en mémoire jusqu'à la fin de ses jours, la petite passe que je lui fais pour décaler le ballon, lui qui pose le pied dessus pour le stopper, le tir que j'enclenche et la trajectoire du ballon qui va se ficher dans la lucarne barcelonaise sans que « Zubi » n'ait le temps de bouger. Cafu me racontera des années plus tard qu'il voyait encore la position du mur adverse, celle du gardien, et même qu'il avait deviné là où j'allais envoyer la balle.

Certains ont parlé de chef-d'œuvre, je n'irai pas jusque-là. En tout cas, comme un fou, je cours alors en direction de Telê Santana, l'homme qui m'a fait confiance, l'homme qui m'a fait grandir, l'homme qui fera de moi deux années de suite le meilleur joueur d'Amérique du Sud, et je me jette à son cou. Les dix dernières minutes se passeront comme dans un rêve…

Après la défaite, avec sa courtoisie et son élégance coutumières, Cruyff aura cette phrase admirable : « *Quitte à être écrasé, autant que ce soit par une Ferrari !* »

La nuit suivant la rencontre, je fais un rêve étrange, au cours duquel je marquais un troisième but, plus beau et plus fort encore que les deux précédents… Quelques mois plus tard, je suis élu meilleur joueur d'Amérique latine.

***

Puis, entre ce 13 décembre et Noël, ma vie va commencer à prendre une autre tournure. Le PSG, par l'intermédiaire de Michel Denisot, son président, conseillé par Valdo et Ricardo, deux compatriotes qui jouent déjà à Paris, me fait une proposition de contrat. Michel Denisot s'était alors rapproché de Manuel Barbosa, célèbre agent de joueurs portugais, spécialiste des transferts de footballeurs brésiliens pendant des années. Ce personnage haut en couleur, portant beau, coiffé par les meilleurs spécialistes, habillé des costumes les mieux coupés, agrémentés de cravates extrêmement colorées, disparu en 2016, prend contact avec moi. Jusqu'alors, je n'avais pas d'agent puisque c'était mon père et mes frères qui me conseillaient. Barbosa vient me rencontrer au Brésil, m'explique qui il est, me dit que Valdo et Ricardo sont déjà au PSG, alors que je pensais qu'ils jouaient toujours au Benfica de Lisbonne, et m'assure qu'il a la confiance de Michel Denisot et que le club a désormais de grandes ambitions en même temps qu'un projet solide. J'aurais sans doute hésité si je n'avais pas su que Valdo et Ricardo faisaient partie de l'effectif... Je les connaissais depuis longtemps pour avoir joué avec eux lors de mes premières sélections en équipe nationale. C'est d'ailleurs ce même Valdo qui aurait conseillé à Michel Denisot de me faire signer : « *J'ai un frère, un ami, je suis sûr que s'il vient ici, il va défoncer la baraque. Prenez-le, et après on verra.* » Et avait-il poursuivi : « *Et si c'est lui qui joue à ma place, pas de souci, c'est OK pour moi.* »

C'était sans doute le bon moment, j'allais avoir 28 ans dans quelques mois, j'en ai donc parlé aux dirigeants de São Paulo, l'affaire n'a pas été simple, les négociations un peu serrées pour que finalement, j'appose mon paraphe au bas d'un nouveau contrat. Un bon contrat, meilleur que celui que j'avais au Brésil. Pas un contrat faramineux, non, je crois que j'avais signé pour un salaire équivalent à 700 000 dollars par an. Soit environ trois fois ce que je touchais à São Paulo. Ce qui à mes yeux n'était pourtant déjà pas rien. Tina, mon épouse, était ravie, et soulagée, elle avait du mal à supporter mon statut de célébrité locale toujours trop sollicitée à ses yeux.

Me voilà parisien, ou presque. Mes yeux se sont mis à briller comme jamais. Paris, la ville lumière, la ville de toutes les cultures, une forme de tranquillité sereine, la découverte d'un football nouveau. Je n'y croyais pas, moi, l'enfant de Ribeirão Preto, transféré sur le Vieux Continent. J'avais aussi des contacts avec l'Atletico Madrid, des équipes italiennes s'étaient renseignées, mais la proposition parisienne était si belle que je n'ai pas traîné à dire oui.

La signature s'est ensuite déroulée en janvier 1993 au siège du PSG. Je venais d'arriver pour assister à un match du club contre Strasbourg au cours duquel j'ai été officiellement présenté. Pour l'occasion, et pour la première fois de ma vie, j'avais enfilé un costume, et c'est là que j'ai rencontré Michel Denisot. Nous avons ensuite dîné ensemble après le match dans un restaurant de la Porte Maillot, il m'a expliqué les objectifs du club, il m'a fait rire, nous avons immédiatement sympathisé.

Michel Denisot, pour celles et eux qui l'ignorent, fut d'abord un animateur télé, avant de devenir l'un des présentateurs phare de Canal + lorsque la chaîne payante, et cryptée, fut lancée en 1984, sous les bienveillants auspices du président François Mitterrand. Journaliste, présentateur, producteur, directeur du service des sports, directeur général, rédacteur en chef, président de clubs, sont quelques-unes des différentes casquettes de cet homme remarquable qui deviendra un ami.

Je suis ensuite rentré au Brésil pour finir la saison – les transferts en décembre étaient plutôt rares à l'époque –, et j'en ai profité pour gagner une deuxième Coupe Libertadores lorsque le 26 mai, à domicile, nous étrillons les Chiliens de l'Universita Catolica, 5-0. La messe était dite devant plus de 100 000 personnes spectateurs en fusion. La défaite, 2-0, lors du match retour n'y fera rien. Pour la deuxième année consécutive, nous remportons le plus important des trophées sud-américains. Et je quitte la première équipe de mes rêves. Laquelle équipe fera également coup double, mais sans moi, en remportant là encore, pour la deuxième fois de suite, la Coupe intercontinentale, toujours à Tokyo, en battant cette fois l'AC Milan de Jean-Pierre Papin 3-2[3].

3. Pour la petite histoire, l'AC Milan n'avait été que finaliste de la Coupe des champions mais les Marseillais, victorieux 1-0 à Bari, avaient été suspendus à la suite de la fameuse affaire de corruption VA-OM...

IV. Paris n'est pas encore magique

C'est l'automne, presque l'hiver ! J'en ai terminé avec le São Paulo FC, je monte dans l'avion, direction le Vieux Continent.

Le premier jour où j'arrive à Paris, je suis accueilli par Valdo qui m'emmène chez lui, c'est la première fois que je vais dormir sous une couette. Je ne sais pas trop comment l'utiliser, si je me glisse dessous, je commence à transpirer, si je l'enlève, je fais connaissance avec le froid et je ne sais pas comment fonctionne le chauffage dans la chambre d'ami…

À part Valdo et Ricardo, avec qui j'ai donc des affinités pour avoir déjà joué avec eux en sélection nationale, et qui deviendront plus que des partenaires, je ne connais pas grand monde : au Brésil, personne ne suit le championnat français, le pays se passionne plutôt pour le football italien parce qu'un match du Calcio est diffusé chaque semaine sur la télévision nationale. Bernard Lama et Antoine Kombouaré sont les premiers avec qui je parviens à échanger quelques mots. Bernard, gardien de but hors du commun, est guyanais d'origine, et son département d'outre-mer possède une frontière commune avec le Brésil. Kombouaré, lui, est un enfant des îles calédoniennes, dans le Pacifique, il connaît depuis l'enfance le déracinement, le voyage et l'arrivée dans un pays inconnu. À 20 ans, il avait quitté son île natale pour atterrir au FC Nantes où il avait poursuivi sa formation. Il joue désormais derrière, et ne laisse pas passer grand-chose, hormis les mots d'accueil et de sympathie qu'il m'adresse !

Me voilà à mon premier entraînement, un peu mal à l'aise, incapable d'aligner plus de trois mots de français. Très vite, même si je suis le capitaine de la Seleção, même si mon récent palmarès parle pour moi, j'ai le sentiment qu'aux yeux de certains, je ne suis personne, hormis celui qui vient voler le pain des joueurs français. Je tente de casser les distances en me comportant comme je l'ai toujours fait : tranquille, discret, modeste. Tout se dénouera dès lors progressivement.

J'arrive pourtant usé par des saisons à rallonge. Une Coupe du monde est annoncée pour l'année suivante aux États-Unis et, au Brésil, les éliminatoires de la zone sud-américaine se sont déroulées entre juillet et septembre, juste avant que je débarque en France. Nous avons terminé *in extremis* en tête de notre poule et nous sommes qualifiés pour le grand rendez-vous nord-américain. Mais en 1991 et en 1992 également, je n'avais pas chômé non plus, entre les matchs de championnat et les rencontres disputées avec l'équipe nationale, je devais atteindre une moyenne de 90 rencontres par saison. Car évidemment, eu égard à mon statut, je jouais tous les matchs.

Je me retrouve donc en terre française les jambes lourdes et le corps fatigué. La trêve brésilienne est toujours très courte, et forcément chargée, puisque ce sont souvent durant ces rares semaines de vacances que sont placées les rencontres internationales.

1993 n'a donc pas fait exception à la règle, d'autant que, cette fois, les éliminatoires pour le Mondial étaient regroupées en moins d'un trimestre.

Après trois saisons de fou, j'ai donc enchaîné sur quasiment trois mois de mise au vert avec la Seleção. Et nous nous qualifions donc de justesse lors de notre dernier match, remporté face à l'Uruguay, 2-0, grâce à deux buts de Romario, dans un Maracaña enfin heureux. Un nul ou une défaite nous auraient en effet condamnés et privés du voyage vers les États-Unis.

La pression avait été gigantesque, l'échec nous était interdit et nous subissions sans cesse les foudres des médias, moi, le capitaine, étant évidemment au premier plan, tant je semblais symboliser les errements et les doutes de l'équipe nationale. Autant dire que la charge mentale était forte.

C'est pour cette raison que j'arrive en France à la fois satisfait de notre qualification, mais laminé par tout ce que je viens de vivre pendant trois ans.

***

Je suis d'entrée de jeu l'objet de toutes les curiosités, de nombreux journalistes sont présents au Camp des Loges, le centre d'entraînement du PSG situé dans la forêt de Saint-Germain. Les conférences de presse communes n'existent pas et ils viennent à tour de rôle m'interroger et me poser toujours un peu les mêmes questions… Je me force à parler à chacun, question d'éducation et de savoir-vivre, mais l'exercice est éreintant. Chacune de mes phrases doit être traduite avant que l'entretien se poursuive. Plus tard, Michel Denisot, le président du club, me fera comprendre qu'il n'est pas nécessaire de répondre oui à toutes les sollicitations, notamment médiatiques.

En tout cas, dans le cadre de la huitième journée de championnat, je dispute mon premier match à domicile, contre Montpellier, et cela se passe relativement bien. Je m'en sors pas mal puisque, d'une tête piquée, je signe mon entrée et permets au club de l'emporter, 1-0, malgré deux penalties ratés par Ginola et Kombouaré… Cela ne pouvait pas mieux commencer. Je ne suis pas encensé par les médias, mais presque.

Lentement, d'une manière presque incompréhensible, je vais pourtant m'éteindre. Je suis ensuite aligné pour les autres matchs mais me montre moins à mon avantage. La fatigue physique, mais aussi une forme de détresse psychologique sur laquelle je ne parviens pas à mettre un nom, me freinent dans mon élan. Je suis moins performant, les supporters retombent de haut, d'autres se méfient de ce joueur lent qui « semble traîner une charrette » lorsqu'il va de l'avant.

« *Est-ce qu'on ne se serait pas fait avoir, avec ce transfert ?* », pensent certains.

Même le coach Artur Jorge semble s'inquiéter, il me demande gentiment si je ne veux pas me reposer. Comme il sent que je ne suis pas bien, très vite, dès octobre ou novembre, il me propose de prendre deux semaines de vacances. Je ne veux pas, je ne peux pas me le permettre, j'ai tant de choses à prouver ici, sans oublier cette Coupe du monde à venir que je compte bien disputer au meilleur de ma forme. Il m'est impossible de prendre des congés… J'aurais presque eu l'impression de ne pas être capable de faire face à ces difficultés passagères, d'abandonner mon nouveau navire, de reculer devant l'obstacle. Je percevais cela comme une forme de fuite.

Alors je continue à jouer. Mal, mais je joue. Et au fil des rencontres, je suis pris en grippe par le public, je me fais même siffler au Parc, je suis sorti régulièrement au bout de 75 minutes. Mon mal-être encore une fois n'a rien à voir avec le fait d'être venu à Paris, non, c'est toujours ces foutues trois années sans vacances et puis, même si je ne l'ai jamais confessé, sans doute étais-je sujet à une forme de burn-out, une fatigue plus mentale que physique, qu'à l'époque personne ne savait diagnostiquer. Pas une dépression mais presque. J'aurais dû écouter les conseils et m'arrêter parce que ces six mois restent probablement la plus longue période de ma vie de footballeur pendant laquelle je n'ai pris aucun plaisir !

Aujourd'hui, avec le recul, je me dis qu'il s'agissait aussi d'une forme de fierté mal placée, peut-être même d'un manque d'intelligence. *« Ne vous inquiétez pas, cela va passer, la forme va revenir ! »*, voulais-je me persuader et convaincre nos supporters.

D'autant plus que je fais rapidement une nouvelle découverte, assez glaciale elle aussi : en France, l'hiver, il neige ! Et des flocons, il en tombe dès l'automne, en novembre si mes souvenirs sont bons. Je n'en avais jamais vu, je me suis d'abord amusé à jouer avec mes enfants. Et puis, moins drôle et moins joyeux parce que l'hiver cette année-là fut assez long et froid, j'ai dû apprendre à jouer sur les terrains gelés, à porter des gants, parce que je sentais mes doigts s'engourdir, presque comme ces alpinistes à qui l'on doit parfois couper quelques phalanges parce qu'elles ont gelé pendant leur ascension.

Bref, cela en rajoute une couche sur ma détresse. C'était vraiment dur ! Je me souviens d'un jour où nous étions en déplacement, et alors que Valdo et moi nous faisions quelques pas sur le terrain avant le coup d'envoi, et qu'il s'était évidemment aperçu que je n'étais pas au mieux, il avait essayé de me regonfler le moral pour évacuer ma tristesse visible. « *Regarde ce privilège que nous avons d'être là, nous avons tout pour être heureux ici, la France est un pays magnifique, profitons-en, cela n'est pas donné à tout le monde, jouons, jouons et prenons du plaisir.* » Ces mots m'avaient fait un peu de bien. Tout comme le soutien d'Artur Jorge, un homme remarquable et sensible, un intellectuel du jeu, pas aussi rigide qu'on le disait, qui était toujours à mes côtés dans ces moments de doutes et de questionnements.

Heureusement, je progresse en français. Au Brésil, une fois la confirmation obtenue de mon départ pour la France, j'avais pris quelques leçons avec Cristina Nagle, une professeure passionnée de l'Alliance française de São Paulo. Une fois arrivé à Paris, j'ai ensuite suivi des cours de conversation à l'école Berlitz de Saint-Germain-en-Laye. Quels sont les premiers mots ou les premières phrases apprises ? Je ne m'en souviens pas. Ce que je n'ai pas oublié, en revanche, c'est qu'un matin, Denis Troch, le préparateur physique du club, arrivé avec Artur Jorge, m'a demandé comment marchait le français. Il avait été surpris que je lui réponde : « *Ça va, je me débrouille !* »

De même, me revient en mémoire cette petite séance d'étirements que j'étais parti faire, seul, dans la forêt de Saint-Germain. Alors que je me consacrais à mes exercices, une jeune femme qui faisait son jogging était passée à proximité et m'avait jeté un « *quelles jolies gambettes !* ». J'avais vaguement compris qu'elle parlait de mes jambes, mais je pensais qu'elle les avait comparées à des cuisses de poulet !

Dès le début de l'année 1994, je m'inscris également à La Sorbonne, à Paris, pour suivre des cours de civilisation française. Mes progrès étant assez rapides, j'ai très vite commencé à lire, des livres pour enfants d'abord, comme *Robin des Bois*, puis des extraits du *Médecin malgré lui* de Molière.

En le racontant à mon père, celui-ci en avait ressenti une immense fierté : « *Tu te rends compte,* me disait-il, *lire Molière dans sa langue originelle ! Ce n'est pas donné à tout le monde !* »

Pour m'aérer plus encore la tête, et pour progresser en français, il n'était pas rare que je rallonge mon trajet en voiture pour me rendre à l'entraînement. En pleine forêt, je m'entends encore écouter Céline Dion, Francis Cabrel ou les Innocents et chanter à tue-tête les paroles de leurs chansons, pour parfaire ma maîtrise de la langue.

Et plus encore, je me sens bien chez moi, ce qui n'est jamais anodin. Par l'intermédiaire de Madame Renée Le Coz, qui veillait au confort des joueurs et à leur bonne installation et qui m'a beaucoup aidé lors de mon arrivée, je m'étais décidé pour une jolie maison à Croissy-sur-Seine, dans la banlieue ouest de Paris, pas très loin de notre centre d'entraînement du Camp des Loges. Croissy est une charmante petite ville paisible où j'allais rapidement trouver mes habitudes. À côté de la maison se trouvait le champ d'un agriculteur qui continuait à produire des fruits et des légumes, et comme le terrain où a été construite la maison lui appartenait, nous échangions beaucoup avec lui et nous régalions avec ses salades, ses carottes et, surtout, sa rhubarbe, une plante-fruit dont j'ignorais l'existence. Un jour, il m'a en effet offert une tarte faite maison si délicieuse que j'en garde aujourd'hui encore une trace olfactive et même sentimentale...

J'en profite pour glisser une anecdote, qui n'a pourtant rien à voir avec ce début d'histoire pas vraiment à mon avantage. Une fois que tout allait mieux, il n'était pas rare que lors de matchs importants, en plus de la prime financière promise et juste avant que nous ne rentrions sur le terrain pour le coup d'envoi, Michel Denisot, toujours président du club, se propose de nous offrir à chacun, en cas de victoire, une bouteille de Petrus, un vin de Bordeaux, qui certes ne fait pas partie des fameux grands crus de la région mais qui les vaut largement. Pour certains de mes coéquipiers, la bouteille était plus motivante que la prime ! J'ai dû en gagner cinq ou six pendant ma période parisienne, et j'ai offert la première bouteille que j'ai remportée à mon voisin agriculteur devenu mon ami, pour le remercier de ses bons sentiments à mon égard. Dans ses yeux, c'est comme si je lui avais offert un lingot d'or !

Je trouve donc à Croissy un esprit très particulier, simple, discret, sans prise de tête. Au Brésil, ma célébrité m'empêchait de vivre normalement, ici, tout me semblait facile, déposer les enfants à l'école, y aller même en marchant, saluer les parents d'élèves, aller faire un petit tennis au club municipal, avec Fred, Alexis, Olivier, mes amis locaux, créer quelques nouvelles amitiés jamais polluées par qui j'étais ou ce que je faisais. Doucement, je m'acclimatais ainsi à la vie française et cela me faisait du bien malgré les tourments sportifs que j'étais en train de vivre.

Même si je commençais à me sentir bien au sein du vestiaire, même si les amitiés naissantes avec mes partenaires prenaient le pas sur ma déprime, rien ne changeait vraiment. J'étais dans un puits sans fond et ne trouvais pas les moyens d'en sortir.

On se donne tous aux entraînements, dans une joie qui me convient, et dans une saine concurrence qui me plaît. Les noms sont connus, Bernard Lama et Antoine Kombouaré toujours, Paul le Guen que j'apprendrai à connaître au fil des mois, un Breton juste et droit, Daniel Bravo, dur mais qui deviendra un bon copain, Patrick Colleter, un arrière plutôt rugueux, très rugueux même, mais parce qu'il était devenu le meilleur ami de Ricardo et qu'il adorait les Brésiliens, Dieu merci, se retenait lorsqu'il jouait contre nous…

Tout ne ressembla donc pas à un long calvaire.

L'hiver était derrière moi, les beaux jours revenaient, le moral aussi.

Et puis le printemps est arrivé… Mais l'attente fut bien longue : l'hiver n'a pas d'existence légale au Brésil, personne ne l'a même jamais vu ! Les premiers beaux jours en France marqueront le début de ma renaissance.

Lorsque le soleil se remet à briller, il m'arrive de m'allonger sur le sol pour ressentir les bienfaits de sa douce chaleur. Ma tête va mieux, mon corps aussi, et je commence à être capable d'exprimer ce que je ressens dans la langue de mon pays d'accueil, même si je n'en possède pas toutes les subtilités !

Il y eut quand même quelques éclairs au cours de cette saison durant laquelle nous obtenons finalement le titre de champion de France. Non pas que le plaisir soit revenu, mais je commence à percevoir le bout du tunnel. Comme lors de ce match contre Monaco, le 1er avril 1994, au Parc des Princes, qui fut sans doute un moment déterminant pour moi.

Je me sentais mieux depuis quelques rencontres, je retrouvais les bases de mon football, je recommençais à réussir les gestes qui m'avaient valu tant de reconnaissance et d'admiration… Et je ressentais à nouveau les petits bonheurs fugaces de ce football d'instinct qui est souvent la caractéristique du football brésilien.

Mais le club connaissait un nouveau problème : les supporters qui n'avaient justement de supporters que le nom. Ceux-ci ne cessaient depuis quelques rencontres de nous siffler, mécontents de notre jeu malgré le fait que nous faisions la course en tête depuis la 17e journée.

Face à Monaco, il y eut un penalty sifflé en notre faveur après une faute sur David Ginola et, alors que je n'étais pas le tireur attitré, je me suis emparé du ballon et l'ai posé au point de penalty. J'ai toujours aimé ce moment très particulier, ce duel avec le gardien, cette décision à prendre en quelques millièmes de seconde, la capacité à changer en fonction des mouvements du portier adverse, le sang-froid à ne pas perdre, la frappe à assurer, et le filet qui tremble…

En général je plaçais le ballon croisé sur la droite.

Ce fut sans doute l'un des moments les plus tendus de ma carrière. Face aux supporters qui continuent à siffler, je prends quelques pas d'élan, reviens poser le ballon parfaitement sur le point de penalty, me recule à nouveau et d'un tir croisé, à la droite de Jean-Luc Ettori, je bats le gardien monégasque qui ne peut qu'effleurer le projectile.

Ce fut un moment charnière, le déclenchement de quelque chose que je ne perçus pas tout de suite.

Déjà les supporters se calmèrent, et un peu plus tard, une fois le match terminé, sous la douche, Ricardo, partenaire et ami, m'a simplement dit : « *Avec ce penalty, tu as joué ta carte de séjour.* » On en a rigolé mais je savais que j'étais enfin prêt.

V. Champion du monde quand même !

Une fois le titre de champion de France en poche, j'ai donc rejoint la sélection nationale brésilienne pour disputer la Coupe du monde 1994 aux États-Unis. Jouer une Coupe du monde, c'est vraiment quelque chose de très particulier pour un enfant du Brésil. Chacun naît avec cette idée en se persuadant au cours des années que c'est pourtant un rêve impossible à réaliser, jusqu'à ce qu'une vingtaine d'enfants du pays parvenus au sommet d'une gloire que nul n'avait imaginée, soient sélectionnés pour défendre nos couleurs. Cela fait partie de nos imaginaires d'enfant, voire d'adolescent. La réalité est souvent bien différente.

Le pays entier attendait ce moment, notre qualification n'avait pas été facile et, joueurs comme entraîneur, nous étions toujours sous le feu des critiques.

L'obligation de gagner était encore plus forte qu'en 1982 et en 1986. Au cours de ces deux éditions, malgré un football de créativité et d'enchantement, nous n'avions rien gagné. Nous étions donc attendus au tournant. La forme importait peu, l'objectif était simple : revenir avec le trophée.

Je suis donc capitaine d'une équipe constamment critiquée, et d'un sélectionneur sur la sellette. Carlos Alberto Parreira est pourtant un seigneur, dont le parcours d'entraîneur déroule une liste infinie de clubs, brésiliens la plupart mais aussi ghanéen, turc, américain, espagnol, etc., et tout autant de sélections nationales (Ghana, Koweït, Brésil, Émirats arabes unis, Arabie saoudite, Afrique du Sud, etc.). C'est un entraîneur de renommée mondiale et c'est lui qui veille aux destinées de la Seleção depuis deux ans.

Seulement, comme le vivra avec douleur Aimé Jacquet en France quatre ans plus tard, il subit les foudres de la critique et en souffre en silence.

L'épreuve commence pourtant bien, deux victoires, contre la Russie, 2-0, où je suis considéré comme l'homme du match, puis contre le Cameroun, 3-0, avant un match nul contre la Suède, 1-1. Cette fois, je ne suis pas à mon avantage, mais toute l'équipe est à la peine. Deux victoires, un nul, nous terminons en tête de notre groupe mais sans avoir suscité les bravos et les applaudissements des journalistes et autres experts du pays, qui sont si nombreux à prétendre tout savoir.

C'est là que les hyènes médiatiques se déchaînèrent. Il fallait un coupable, et je fus désigné. Je pâtissais à la fois du jeu proposé par la sélection, mais aussi de ma saison ratée au PSG… Je sentais qu'il fallait faire quelque chose. Après m'avoir expliqué qu'il voulait modifier techniquement et tactiquement le fonctionnement de la sélection, Parreira prit la décision qui lui paraissait convenable et qui baisserait d'un ton l'ire de la presse et de nos supporters : il décida de confier le brassard de capitaine à Dunga et de me placer sur le banc de touche. Une position que je n'ai jamais tellement appréciée. Mais c'était ainsi.

Lors du huitième de finale contre les États-Unis, je ne bouge pas du banc, mais nous scellons une courte victoire, 1-0 face au pays hôte.

Je rentrerai ensuite dix minutes contre les Pays-Bas en quart-de-finale. Que nous battons 3-2 à l'issue d'un match acharné et somptueux. Deux buts de Romario et de Bebeto nous permettent d'y croire avant que Bergkamp puis Winter offrent aux Hollandais l'occasion de revenir à égalité. Il faudra un sublime coup franc de 30 mètres de Branco pour que nous l'emportions. Je participe à la liesse collective, aussi heureux que mes partenaires.

Lors de la demi-finale contre la Suède, remportée 1-0 grâce à un but de Romario, je dispute toute la seconde mi-temps. Nous sommes donc qualifiés pour la finale contre l'Italie. Comme 24 ans plus tôt, au Mexique, pour le troisième et dernier titre mondial obtenu par la Seleção.

Le match se dispute à une heure étrange, midi, pour plaire aux télévisions européennes, sous une chaleur écrasante au Rose Bowl de Pasadena à Los Angeles et devant 95 000 privilégiés transpirants. Je suis assis, moi aussi, sur le banc.

Les deux formations semblent ne poursuivre qu'un seul but : ne pas en prendre ! C'est donc à un duel de défenses qu'assistent spectateurs et téléspectateurs. En face, malgré des rumeurs de blessure, le brillant Roberto Baggio, qui souffrait d'une élongation à la cuisse, est aligné dans l'entrejeu. Chez nous, la fameuse doublette Romario-Bebeto, si efficace lors des précédentes rencontres, fait le forcing et ne cesse de menacer l'arrière-garde transalpine. Si l'on s'en réfère uniquement aux chiffres, nous avons tiré 26 fois au but, quand nos adversaires ne tentèrent qu'à six reprises de marquer.

Le temps s'était écoulé, aucun but n'était venu égayer la rencontre. Il s'agit de la première finale de l'histoire où aucune équipe ne marque, ni dans le temps réglementaire, ni en prolongation, malgré quelques nouvelles occasions pour nous, notamment lorsqu'un tir de Mauro Silva, mal contrôlé par Pagliuca, le portier de la Squadra Azzurra, rebondit sur le poteau.

Score : 0-0, après 120 minutes de jeu. La chaleur est étouffante, la tension également. Il n'est pas prévu dans les règlements que le match soit à rejouer, c'est donc aussi la première fois que le titre va être attribué à l'issue d'une séance de tirs au but. Pagliuca et notre gardien Taffarel sortent chacun un penalty, mais nous sommes plus efficaces que les Italiens. Après l'échec de Baresi, Massaro et surtout Roberto Baggio, sans doute le meilleur Italien de ce mondial, manquent leur tentative. Lorsque le ballon du milieu italien s'envole au-dessus de la barre transversale, nous comprenons tous la même chose : nous sommes champions du monde !

La joie est intense et le soulagement, immense. Je n'ai pas disputé la moindre minute de ce match mais je suis sacré comme tous les autres.

Il est venu le temps de la célébration et de la fête ininterrompue. Un pays entier respire enfin, la malédiction est terminée. Nous sommes redevenus les meilleurs.

Le retour au pays fut épique, délirant, monstrueux.

Une fois au-dessus de l'espace aérien brésilien, notre avion fut accompagné par une patrouille de chasseurs de l'armée de l'air brésilienne, qui volèrent à côté de nous en nous saluant comme « des héros » ! Comme si nous avions remporté une guerre.

Le reste appartient à l'histoire de notre pays.

Nous nous posons d'abord à Recife dans ce Nordeste qui, contrairement à d'autres régions plus favorisées, nous avait toujours soutenus, même lors des éliminatoires du Mondial lorsque, dans une folie furieuse, nous avions battu la Bolivie 6-0… Le Nordeste, pays qui m'est cher pour tant de raisons, familiales mais aussi historiques. C'est là que débarquèrent les premiers colons portugais, puis que les Hollandais mirent le grappin sur la ville portuaire. C'est là que, les uns comme les autres, en criminels sûrs d'eux, ils firent subir aux indigènes les plus terribles exactions, et les pires punitions…

Puis ce furent des marées humaines, à Rio, à São Paulo, nous tous juchés sur un bus à étage, qui avançait à une allure de tortue tant la foule était compacte et nous ovationnait… Réceptions, décorations, médailles, champagne. L'aventure se terminait bien.

VI. Le grand Paris

Il me faut des vacances, j'y ai plus que droit me semble-t-il. Alors je me repose un peu avant de revenir à Paris. Pas un mois, juste une quinzaine de jours dans un hôtel de bord de plage avec ma femme et nos deux filles. Et puis je reprends l'avion, pour préparer la saison, et combler le léger retard que j'avais pris vis-à-vis de mes partenaires du PSG.

L'entraîneur a changé. Artur Jorge est parti, le remplace un personnage fou et attachant, Luis Fernandez, ancien pilier de la génération Platini, celui-là même qui, en 1986, marqua le dernier penalty des Bleus qui élimina la sélection brésilienne dont Sócrates était le capitaine. Aux yeux de Michel Denisot, président du club, Luis possédait le profil idéal, mais le PSG tout entier attend de lui qu'il poursuive le chemin entrepris. « *Luis, qui est un peu l'identité de ce club et auquel je pensais depuis longtemps, va devoir conjuguer plaisir et efficacité* » sera le message que le président fera passer au moment de la signature de notre nouvel entraîneur. Nous sommes les champions de France en titre, ne l'oublions pas.

De mon côté, je n'avais aucune raison de lui en vouloir, d'autant qu'il m'accueille de manière exquise et qu'il m'assure tout de suite qu'il compte vraiment sur moi… Même si, c'est assez classique chez lui, il glisse dans un entretien à la presse de début de saison, qu'il entend montrer qu'il est l'homme fort et le décideur, et laisse entendre au milieu de quelques phrases bien senties que ce n'est pas parce que je suis auréolé de mon titre de champion du monde qu'une place de titulaire m'est assurée.

Je ne lui en veux pas mais donne tout à l'entraînement et parviens à le convaincre rapidement. Il comprend que j'ai bien remonté la pente, que je suis certes désormais champion du monde mais que je me sens surtout apte à répondre à ses attentes, et à celles de nos supporters qui, malgré tout, se méfient toujours un peu de moi.

Je suis heureux, je redeviens joyeux, d'autant que même si je suis parfois remplaçant, lorsque je rentre, je marque de plus en plus régulièrement. Je ne suis pas encore celui que je rêve de redevenir, il me faut six bons mois avant de me sentir parfaitement à l'aise mais je sais que je suis sur la bonne voie.

Cette saison sera pourtant, en termes de résultats, assez mitigée. Nous sommes les grands favoris à notre propre succession mais nous nous ferons damer le pion par le FC Nantes, équipe tonitruante adepte d'un jeu spectaculaire tourné vers l'offensive, et par l'Olympique lyonnais, entraîné par Jean Tigana, membre comme Luis Fernandez du fameux carré magique tricolore du Mondial 1986.

Nantes d'ailleurs, chez qui nous nous inclinons à l'aller, 1-0, viendra nous donner une leçon au Parc (0-3) où le PSG était invaincu depuis deux ans… Certains des buts marqués par une triplette d'attaquants qui ont pour nom Loko, Pedros et Ouedec feront même la Une des journaux et tourneront en boucle sur les chaînes de télé.

Seules lumières dans cette obscurité, nos deux succès en Coupes. Nous remportons la première Coupe de la ligue, contre Bastia, 2-0, et la Coupe de France face à Strasbourg, 1-0, après avoir éliminé l'OM en demi-finale. Sans oublier, surtout, notre magnifique parcours en Ligue des champions.

Après un sans-faute en poule, six matchs, six victoires, dont deux contre le Bayern de Munich, nous éliminons le FC Barcelone de Cruyff – tiens, tiens, des retrouvailles –, après un nul au Camp Nou (1-1) et une victoire à domicile (2-1). Cette fois, Luis Fernandez se montre supérieur à son célèbre homologue en nous faisant jouer avec trois défenseurs… Alors qu'une défense est habituellement composée de quatre joueurs, cette stratégie permet de rajouter un milieu de terrain et donc de jouer de manière plus offensive. J'égalise sur corner après l'ouverture du score par Bakero, avant que Vincent Guérin n'enfonce le clou et nous offre la victoire.

Hélas, malgré tous nos efforts, nous ne dépasserons pas les demi-finales, après une double confrontation face au Milan AC, le plus grand club du moment. Battus chez nous 1-0, nous subissons la domination des rouge et noir à San Siro et nous inclinons 2-0.

Au moment de la composition de l'équipe, Luis Fernandez avait longuement hésité entre Valdo et moi, parce qu'il ne pouvait aligner que trois joueurs « extra-communautaires », c'est à dire non membres de la communauté européenne. Comme j'avais disputé l'aller, il avait choisi de titulariser Valdo, mais m'avait néanmoins emmené avec l'équipe pour faire le déplacement. La veille de la rencontre, lors du dernier entraînement à San Siro, le stade du Milan, j'étais en feu et réussissait tout ce que j'entreprenais. Si bien qu'au sortir de la douche, Luis m'avait dit : « Comment tu peux me sortir des gestes pareils, à la veille d'un match tellement important ! » … La défaite aviva sans doute ses regrets.

***

C'est cependant une saison où j'ai l'impression de renaître, de trouver à nouveau le chemin du but, sans oublier de participer à la démarche collective. De plus, le style de notre coach Luis Fernandez se révèle totalement différent de celui Artur Jorge : le style de jeu des Parisiens est plus rugueux, plus dur, mais nous nous sentons comme libérés du poids de la contrainte et des schémas un peu coercitifs de l'entraîneur portugais.

Je suis content de faire partie de ce club, je suis épanoui chez moi, les cours de français portent leurs fruits, je comprends et m'exprime de mieux en mieux. Je suis un homme enfin libéré, il ne me reste qu'à conquérir définitivement le cœur des supporters. Même si, au cours de la saison qui va suivre, une ambiance étrange naît, notamment autour du rôle et des capacités de Luis Fernandez à emmener le groupe vers les plus hauts sommets, de France comme de l'Europe !

Car même si, là encore, le titre va nous échapper puisque nous terminons dauphins d'Auxerre, je m'affirme comme un personnage presque incontournable du système de jeu mis en place par Luis.

Une anecdote pour illustrer la façon dont je me sens à présent au sein de l'équipe : avant un déplacement le 18 juillet à Bastia, dans le cadre de la première journée de championnat, je demande au coach si, à l'issue de la rencontre, je peux prendre deux jours pour aller en Italie. L'entraînement vient de se terminer, il réfléchit et me dit *« OK, mais seulement si tu marques deux buts en Corse ! »* À la 17e minute, nous menions 2-0 et je n'y étais pas pour rien ! *Le Parisien* avait même titré : *« Raí redevient Raí. »*

Je le prends comme une confirmation de mon retour vers les sommets.

Seulement, notre parcours en championnat n'est pas à la hauteur des espérances de chacun, joueur comme dirigeant. Des départs et des arrivées ont modifié la structure du groupe. Ginola, Kombouaré, mes amis Valdo et Ricardo nous ont quittés. Sont arrivés en renfort, et ce n'est pas peu dire, Patrice Loko, Youri Djorkaeff, Bruno N'Gotty ou le Panaméen Julio Dely Valdes, tandis qu'un jeune formé au club va faire ses premières apparitions. Il s'appelle Nicolas Anelka.

La saison commence timidement : après le 2-2 à Bastia, nous concédons également un nul à domicile face à Guingamp, jusqu'à ce que s'enclenche la mécanique des victoires, notre succès sans concession à Nantes (1-2) lors de la troisième journée ressemblant à une passation de pouvoir, même s'il est un peu tôt. Nous engrangeons alors six succès consécutifs et ne sommes talonnés que par Monaco qui enchaîne également les bons résultats.

Nous restons sur notre nuage en fin d'année, après une victoire contre Bordeaux et surtout un succès éclatant au Parc, une nouvelle fois contre les Canaris nantais qui repartent avec cinq buts dans leur besace. C'est l'un des matchs marquants de mon parcours parisien parce que le jeu développé ressemblait à ce que j'avais connu à São Paulo avec le coach Telê Santana. Une entente commune, une volonté collective, un engagement mutuel, un niveau de jeu jamais atteint…

C'est l'euphorie, le capital confiance est au plus haut. D'autant plus qu'à la mi-course, à l'issue des matchs aller, personne ne semble suivre notre rythme : nous devançons de dix points nos premiers poursuivants lors de la trêve hivernale.

Le début de l'année 1996 nous verra perdre de notre superbe et subir quelques défaites qui feront mal au moral. Notre dynamique est stoppée en février : une défaite à Monaco, puis deux autres, chez nous face à Montpellier puis Strasbourg, suivies d'une élimination en Coupe de France, nous broient un peu le mental.

Mental finalement laminé quelques semaines plus tard après qu'Auxerre, à qui personne ne prêtait vraiment attention, nous terrasse 3-0, lors de la 32e journée. Le club entre en crise… Que deux autres défaites à domicile, contre Nice fin mars puis contre Lille un mois plus tard, viendront entériner. La statue de Luis Fernandez commence alors à vaciller.

Nous organisons alors une discussion entre joueurs, positive car nous n'avons pas vraiment envie de lâcher notre coach, puis les leaders, Paul Le Guen, Ricardo et moi nous retrouvons avec Michel Denisot, pour en parler. Nous confions que nous n'avons aucun grief contre notre entraîneur. La décision est prise de laisser Luis à son poste.

Notamment parce qu'en même temps, et paradoxalement, notre campagne européenne bat toujours son plein. À la suite de notre succès en Coupe de France la saison précédente, nous étions donc qualifiés pour la Coupe des coupes, et allions parvenir au sommet de la compétition, après un parcours plutôt facile. Contre les Norvégiens de Molde, en 16e de finale, deux victoires, contre les Écossais du Celtic Glasgow, deux victoires, contre les Italiens de Parme, défaite 1-0 chez eux, victoire 3-1 chez nous, avec deux penalties pour votre serviteur, contre les Espagnols de la Corogne en demi-finale, deux victoires. Avant le grand rendez-vous décisif, à Bruxelles contre le Rapid de Vienne.

Depuis nos errements en championnat, le groupe souffre de quelques dissensions, mais nous nous préparons tant bien que mal grâce à l'apport inattendu de Yannick Noah. La jeunesse d'aujourd'hui sait qu'il est un chanteur à succès, les plus anciens n'ont pas oublié qu'il fut aussi un grand tennisman, et surtout le dernier Français à avoir remporté le tournoi de Roland Garros, en 1983. C'est un personnage charismatique, à la fois clivant et persuasif. Je crois d'ailleurs que c'est Michel Denisot qui l'avait appelé pour lui demander s'il pouvait nous aider à nous préparer. Yannick avait accepté avec enthousiasme et s'était joint au groupe. Luis Fernandez, en revanche, avait eu un peu de mal à digérer l'arrivée du champion et l'avait dit de manière assez claire, comme s'il sentait venir le vent du boulet et du remplacement à venir : « *Si Yannick vient pour échanger avec les joueurs, cela ne me cause aucun souci, en revanche, je n'ai envie de le voir ni sur le terrain, ni au cours de mes causeries* ».

Yannick entendra le discours et se tiendra remarquablement. Venant même, avec l'autorisation du coach, au restaurant avec nous, discutant avec chacun, nous remotivant et essayant de cimenter à nouveau un groupe qui se délitait doucement, sans que personne n'ait d'explication valable… Nous avions été en tête du championnat pendant six mois, avant de perdre un peu pied et laisser le leadership aux joueurs auxerrois de Guy Roux, entraîneur paternaliste mais remarquable.

Je garde en tout cas de Yannick Noah le souvenir d'une aura exceptionnelle, j'ai littéralement été frappé par ce personnage-là, encore hors du commun. À tel point que quelques années plus tard, tandis que je vivais une nouvelle histoire d'amour avec Danielle Dahoui, nous aurons une fille ensemble que nous prénommerons Noah, prénom qui sonne bien en portugais…

D'ailleurs, il y a quelque temps, alors que ma fille était venue me rendre visite à Paris, nous avons rencontré Yannick et je lui ai raconté le pourquoi du choix de ce prénom. Chacun était très ému, moi le premier…

Pour en revenir à notre préparation de la finale, Luis Fernandez conviendra qu'il n'avait qu'à se féliciter de ce que Yannick Noah avait apporté à son groupe : « *Il a su rester à sa place, j'ai apprécié son comportement, il a été royal !* »

Yannick était d'ailleurs avec nous le 8 mai 1996 dans la capitale belge.

Ce jour-là, surprise ! Toute ma famille avait également fait le déplacement depuis le Brésil, ils étaient tous là !

Le match commence. Au bout de cinq minutes, à la suite d'une passe de Patrick Colleter, un joueur adverse arrive par-derrière et me met un vilain tacle en me cisaillant la cheville. L'action était si violente qu'après la rencontre, Sócrates, qui était aux côtés de mes quatre autres frères, me fera part de son étonnement face à la virulence du geste de Shöttel, le coupable désigné, l'exécuteur des basses œuvres.

Je suis hélas obligé de sortir et Julio Dely Valdes me remplace à la onzième minute. C'est donc depuis le banc de touche que j'assiste au coup franc signé « Nounours » : Bruno N'Gotty, de son vrai nom, nous offre la victoire et le premier titre continental du club.

Le retour a laissé des souvenirs impérissables, un tour sur la plus belle avenue du monde devant nos supporters et, surtout, une invitation au Palais de l'Élysée où nous sommes reçus par Jacques Chirac, le président de la République élu l'année précédente.

Je suis un peu en retard au rendez-vous et, à cause de ma blessure, arrive dans la cour en boitillant. Ma montée des marches sera même diffusée le soir-même en conclusion du journal télévisé de TF1. Signe sans doute que j'étais devenu autre chose qu'un simple joueur brésilien... Cela fait sourire le président qui me salue, me félicite et prend de mes nouvelles. Quelques jours plus tard, je recevrai une belle lettre aux armes de la République, fort sympathique. De sa main, Jacques Chirac avait même rajouté quelques mots, « Mille bravos ! C'était superbe ! Bien amicalement » Il n'y a pas longtemps, je me suis aperçu que je n'avais plus cette lettre. Mais où avais-je bien pu la mettre ? Je suis ainsi, je n'ai pas gardé grand-chose de mes années football et parfois j'en viens à le regretter.

Je ne sais pas, par exemple, où peut bien être ma médaille de champion du monde, j'ai perdu la majorité de mes maillots. J'en ai donné tant, et tant de photos... J'ai jeté aussi des choses au fil de mes déménagements. Je me convaincs que j'ai eu raison et qu'il ne faut pas s'attacher aux objets et aux souvenirs. Je ne dois pas être très matérialiste...

Petite précision pour agrémenter cette saison plus ou moins réussie, même si nous ne sommes pas champions de France : nous remportons le Trophée des champions, match opposant, à Brest, Nantes, champion de France la saison précédente, et notre équipe, vainqueur de la Coupe de France. L'histoire retiendra que la rencontre s'est terminée sur un score nul, deux partout et que, règlement oblige, les deux équipes se départagèrent aux tirs au but. À ce petit jeu, nous l'avons emporté 6-5, après qu'un jeune joueur nommé Claude Makelele avait raté sa tentative !

***

Ma quatrième saison (1996-1997) commence par un changement d'entraîneur, un peu comme nous le sentions tous venir, Luis Fernandez est remercié et remplacé par un duo composé de Ricardo, mon ami qui revient d'une dernière saison au Benfica de Lisbonne, et de Joël Bats, gardien international qui lui aussi fut de la glorieuse épopée des Bleus de 1986. Situation assez étrange que de retrouver mon ami, mon frère, comme patron de l'équipe.

Ricardo est un homme que j'admire énormément. Sa sagesse, son intelligence, sa classe, la fidélité de son amitié, sa force mentale... Un frère autant qu'un seigneur. Nous nous connaissons depuis ce jour où, lors de ma première convocation en équipe nationale, nous avions partagé la même chambre. C'est un homme qui fut l'un des piliers de ma carrière. Comme moi, il a été capitaine de la Seleção, mais son parcours sous le maillot auriverde aura été entaché par des blessures, dont une qui lui fera manquer le Mondial 1994. Il y a quelques années, il a à nouveau eu des pépins de santé en étant la victime de deux petits accidents cardiaques successifs, en 2010 et 2011, alors qu'il était retourné au Brésil pour entraîner le São Paulo FC, puis le Vasco de Gama. Je converse toujours régulièrement avec lui, il a récupéré toutes ses capacités intellectuelles mais quelques séquelles le gênent dans sa motricité et ses déplacements, hélas.

Savoir Ricardo être mon coach au PSG me procure pourtant un sentiment étrange, je ne suis pas très à l'aise, à cause de notre proximité et de cette hiérarchisation forcée des tâches. Parfois, il lui arrive même de m'appeler pour me demander ce que je pense de telle ou telle chose, et honnêtement, j'ai un peu de mal à faire la part des choses entre mon amitié pour lui et ces rôles bien différents que nous devons chacun désormais remplir. Une question de distance à respecter, selon moi.

Toujours est-il que nous passons une année solide, mais toujours sans titre puisque nous terminons deuxièmes, derrière Monaco.

Ce que je retiens aussi, parce que cela conditionnera le reste de ma vie sans que je le sache encore, c'est l'arrivée de Leonardo. C'est en effet avec lui que nous réfléchirons à la création d'une fondation au Brésil, la Fundação Gol de Letra, dont le but sera d'aider les enfants délaissés, défavorisés, laissés sur le bord de la route, et ils sont nombreux au Brésil, à s'instruire et se construire une vie. Il nous faudra un an pour mettre sur pied ce projet qui rythmera un peu plus tard ma vie et mon après-carrière.

Cela nécessite un premier retour en arrière.

Alors que je jouais au São Paulo FC, j'ai rencontré Leonardo qui devait avoir une vingtaine d'années alors que j'en avais cinq de plus. Comme il arrivait de Rio, je suis un peu devenu son grand frère et nous nous sommes liés d'amitié. Nous passions du temps ensemble, il venait souvent à la maison. Il avait été prêté au club qui aurait bien aimé le conserver après la saison, mais il était ensuite parti en Espagne, à Valence, avant de revenir quelques mois puis de s'exiler au Japon pendant deux ans avant de signer au PSG.

C'est lui qui, le premier, m'a parlé d'une favela située à proximité du Morumbi, notre stade. Il voulait faire quelque chose, mais ne savait pas quoi. L'idée ne m'a pas seulement traversé l'esprit, elle est restée tatouée sur mon cœur. Lorsqu'il est arrivé à Paris, nous en avons évidemment reparlé, encore et encore…

Mais avant ça, comme un nouveau petit clin d'œil, je raconte souvent que je suis le seul joueur qui ait fait gagner de l'argent au PSG. C'est moi qui ai demandé à Leonardo de venir me rejoindre depuis les Kashima Antlers, club de la ville de Kashima – le Japon, à l'époque, était un peu l'équivalent de ce qu'est l'Arabie saoudite aujourd'hui, avec peut-être moins de moyens financiers, mais bon ! Il était devenu un joueur libre. Un an plus tard, le PSG le vendait l'équivalent de 12 millions d'euros au Milan AC !

Sportivement parlant, la saison se déroule plutôt bien, je suis désormais le capitaine de l'équipe, je m'exprime de mieux en mieux, et m'autorise enfin à déchiffrer les grands auteurs.

Je peux ainsi relire *Le Médecin malgré lui* de Molière, mais en version non expurgée cette fois, et savoure plus encore sa maîtrise de la langue et la musique si particulière de ses œuvres en prose. Ou les grands succès d'édition comme *Le Parfum* de Patrick Süsskind, auteur allemand qui raconte merveilleusement les aventures d'un certain Jean-Baptiste Grenouille, un jeune doté de facultés olfactives inouïes, et qui se déroule en France au XVIIIe siècle. Œuvre que, depuis, je recommande à tout le monde. Je parviens aussi à lire des pièces d'Eugène Ionesco, dramaturge d'origine roumaine, dont l'originalité des propos et le sens de l'absurde me conviennent merveilleusement.

Sans forfanterie, attitude très brésilienne, c'est sûrement à cause de ce travail effectué, de cette volonté de m'exprimer dans leur langue que les Français m'ont adopté. Comme s'ils reconnaissaient les efforts que je déployais pour mieux appréhender leur culture, leur histoire, voire les valeurs si chères de leur république.

Questions résultats : nous finissons une nouvelle fois deuxièmes, cette fois derrière Monaco et atteignons à nouveau la finale de la Coupe des coupes. Disputée au Feyenoord Stadion de Rotterdam, elle nous échappe cependant, victimes que nous sommes d'un but marqué par Ronaldo, star montante du FC Barcelone.

VII. La dernière saison

Ma dernière saison, entre 1997 et 1998, commence en revanche par une étonnante péripétie en Coupe d'Europe.

Pour nous qualifier pour la Ligue des champions, nous devons disputer au plus fort de l'été un tour préliminaire, face aux Roumains du Steaua Bucarest. Une bévue administrative – un fax envoyé par l'UEFA et perdu de vue – nous laisse le loisir d'aligner Laurent Fournier sur la feuille de match du match aller, alors qu'il était suspendu à la suite d'un carton reçu la saison précédente. Si nous avons perdu de justesse en terre roumaine, 3-2, le résultat est modifié sur tapis vert selon les statuts de l'UEFA et nous enregistrons un cruel 3-0.

La sanction fait mal et sème le trouble au sein du club.

Une seule solution s'impose : l'emporter chez nous durant le match retour, au Parc, par plus de trois buts d'écart.

J'ai désormais un peu d'influence au sein du groupe, je suis même l'un de ses leaders, et pas du genre à baisser les bras. Cette période restera un autre de mes moments marquants au PSG.

Tout le monde suinte le pessimisme, sauf moi, persuadé que c'est possible, remotivant mes partenaires à chaque entraînement. Simplement parce que j'y crois, que l'équipe qui nous fait face n'est pas la plus grosse cylindrée européenne, que nous avons nos récents parcours continentaux pour nous, il nous faut rester concentrés, avides et sûrs de nous. Des assoiffés de victoire que rien ne doit arrêter. Nous avons largement les moyens de faire plier nos adversaires, avec le soutien d'un public désormais acquis à notre cause.

Je suis plein d'énergie, j'en parle même aux journalistes qui me posent des questions sur ce match à venir.

Nous l'emporterons sans rencontrer de résistance 5-0 et je me permets de marquer un triplé pour le plus grand bonheur du club et de ses supporters. Leonardo est étincelant, Simone marque un but splendide, la Une de *L'Équipe* du lendemain est simplement barrée d'un seul mot : « *Énorme.* »

À la fin de la rencontre, Pierre Lescure, personnage important de la télévision française, patron de Canal + et par ricochet du PSG, est venu saluer Cristina, mon épouse, présente ce soir-là…

« *Super, ce qu'il a fait*, lui dit Cristina, *trois buts sur un match pareil, c'est pas mal, non ?*

— *Ce n'est pas pour ça que je veux le féliciter*, lui répond Pierre Lescure, *c'est parce que si nous nous sommes qualifiés, c'est grâce à lui, il est parvenu à transcender une équipe qui n'y croyait pas.* »

Ce résultat n'était en effet pas mince : hormis notre demi-finale perdue trois ans auparavant contre le Milan AC, les rapports entre le PSG et la Ligue des champions étaient quasiment inexistants.

Et pour un club qui entendait devenir un grand d'Europe, une référence, cela remettait les choses à leur juste niveau. Ou presque.

Aujourd'hui cela semblerait dans l'ordre des choses, mais il y a 25 ans, c'était un tremblement de terre. Ou presque. La compétition ne faisait pas partie de l'univers français, si l'on met de côté les années Tapie et ce qu'elles ont laissé comme souvenirs pas toujours impérissables. L'équipe nationale n'était pas encore devenue championne du monde, le pays doutait même des capacités de la bande de Jacquet à remporter le Trophée qui se disputerait l'été prochain à domicile... Le souvenir de l'élimination de 1993 à la dernière minute par la Bulgarie avait laissé des traces que l'on croyait indélébiles.

Il fallait changer de paradigme, ou de mentalité, et ce match-là y a peut-être participé...

L'ambiance, l'émotion, les souvenirs sont toujours là au plus profond de ma chair. Ce n'était pourtant qu'un tour éliminatoire. Mais ensuite, après les tours d'honneur, les toasts et les embrassades, les rires et les larmes, la vie n'a plus été tout à fait la même. Lorsque je, ou nous, rentrions dans un restaurant, il n'était pas rare que les clients se lèvent pour applaudir, et je reste persuadé que c'est à cet instant que moi, le Brésilien de Ribeirão Preto, suis vraiment rentré dans le cœur des supporters parisiens.

Je suis donc le capitaine de cette équipe que rien ne paraît pouvoir stopper, et je n'en reviens toujours pas. Je suis devenu un leader, moi qui, enfant, pensais que je n'en aurais jamais l'étoffe. Il n'y a pas d'université où apprendre à devenir le meneur d'une bande de joueurs en short, même si au Botafogo, au São Paulo FC, en équipe nationale et maintenant au PSG, je suis devenu ce personnage capable d'amener les siens vers d'improbables firmaments.

Devenir capitaine, enfiler le brassard, un geste qui n'a rien de bénin, ce n'est pas un dû, c'est un cheminement, souvent lent, qui vous révèle à vous-même et aux autres. Sans doute avais-je été influencé par mon frère Sócrates, sans doute avais-je cela enfoui au plus profond de ma personnalité, et sans doute avais-je quelques compétences dont j'ignorais la portée et la force…

Être capitaine, mais je crains de me répéter, est une forme de distinction individuelle mais qui n'est possible que *via* une vision collective de ce qu'il nous faut accomplir. Le chemin que tu empruntes, tu ne le prends jamais seul, il faut être accompagné, sinon cela n'en vaut guère la peine.

Toujours est-il que nous sommes qualifiés pour la plus importante des compétitions européennes. Nous n'y ferons hélas pas vraiment de miracles. Nous nous retrouvons dans un groupe avec le Bayern de Munich, l'IFK Göteborg et le Besiktas d'Istanbul. Nous terminons deuxièmes du groupe, quatre victoires, deux défaites, avec le même nombre de points que le Bayern mais battus au *goal-average* particulier[4] et, comble de malchance, nous sommes devancés comme meilleurs seconds par les Italiens de la Juventus de Turin.

Exit le destin européen…

En championnat, ce n'est guère mieux, nous accrochons péniblement une huitième place, loin derrière le nouveau champion, le RC Lens.

Seules éclaircies dans la grisaille, un nouveau doublé Coupe de la Ligue/Coupe de France dans un Stade de France flambant

4. Au match aller, le Bayern a gagné 5-1, au retour, le PSG 3-1. Si on additionne les deux résultats, les Allemands l'emportent 6-4 !

neuf qui se préparait sans le savoir à accueillir bientôt, un certain 13 juillet au soir, une tout autre finale…

Un doublé qui me permet en tout cas de présenter un bilan toujours plus favorable alors que je commence à boucler mes valises.

***

J'avais en effet décidé que mon histoire avec Paris et la France devait se terminer, même si la rupture serait sans doute temporaire. J'avais besoin de retourner chez moi, au Brésil. Mon couple n'était pas au mieux et mes relations avec Tina se distendaient, j'avais besoin de me recentrer, de retrouver les miens, d'autant que São Paulo me faisait des avances.

En faisant le tour d'horizon de ma période parisienne, j'étais bien conscient de ma progression : une première saison ratée, une deuxième un peu meilleure, quelques premiers trophées de valeur, une prolongation de mon contrat de trois ans, dès la fin de cette deuxième année, quand Michel Denisot, apparemment satisfait de ce que j'apporte à l'équipe, me propose de rajouter deux années supplémentaires… Cela tombait parfaitement bien : dans ma tête, au départ, je m'étais donné une période de cinq ans.

À la fin de la saison 1997-1998, cela ferait cinq ans que j'étais là…

J'ignorais si c'était le bon moment, je sentais juste quelques ondes qui m'invitaient à rentrer. Dans mon esprit, je m'étais également toujours dit que j'arrêterais de jouer à 35 ans… Et surtout, concernant la suite de ma vie, j'allais enfin pouvoir mettre sur pied mon grand projet avec Leonardo, cette fondation à destination des enfants défavorisés.

Ma place était bel et bien au pays, je le sentais.

J'en ai évidemment parlé avec Michel Denisot, devenu plus qu'un directeur ou un patron, un ami proche avec qui je m'entretiens régulièrement encore aujourd'hui, qui a alors tout tenté pour me retenir, c'était de bonne guerre. Il m'a en effet proposé une prolongation de deux années supplémentaires comme joueur, puis trois ans comme dirigeant au sein du club. L'offre était alléchante sur le papier, mais je la refusais. « *Merci, Michel, vraiment merci, mais mon choix est fait et je n'en changerai pas.* » Même si la complicité, la confiance et l'admiration mutuelles étaient toujours là, même si j'ai toujours apprécié à sa juste valeur sa façon de gérer le club, à la fois discret et toujours présent, je ne pouvais accepter son offre.

L'Angleterre se disait aussi prête à m'accueillir et vivre là-bas m'aurait assurément tenté, mais là encore, non. J'aurai sans doute l'occasion d'y revenir plus tard…

São Paulo, en revanche, me faisait du pied depuis quelques mois, le club rêvait de voir revenir le capitaine des grandes années Telê Santana. Cette proposition-là, je ne pouvais décemment pas la refuser.

Alors adieu mes amis, mes frères, mes partenaires, ou à bientôt peut-être, et merci de m'avoir permis de passer du temps à vos côtés. Valdo, Ricardo, Youri, Paul, Bernard, Antoine et tous les autres, merci pour les succès, le partage, les échanges, les bonheurs vrais et les moments de rêve.

Merci aussi à vous tous qui m'avez soutenu, le staff du club, mais aussi les supporters qui avez fait de moi autre chose que celui que j'étais en arrivant dans votre ville sublime.

VIII. Le retour au pays

Tenter d'oublier ce tour d'honneur, ces larmes et ce bonheur entremêlés, après mes adieux au Parc. Je suis dans l'avion qui me ramène à São Paulo. Quelques semaines auparavant, avec la bénédiction du staff parisien et parce que le championnat était joué, j'étais revenu disputer un match avec l'équipe nationale. À la tête de la Seleção, Mario Zagallo était l'entraîneur qui avait remplacé Carlos Alberto Parreira après le titre de 1994 mais cet homme ne me portait pas dans son cœur, allez savoir pourquoi. Ayant néanmoins eu vent de mes succès et de mes fructueuses saisons parisiennes, il m'avait finalement convoqué pour disputer un dernier match amical, avant le début de la Coupe du monde 1998, alors que le Brésil était déjà qualifié. Sans doute se sentait-il obligé de faire appel à moi tant, comme toujours au Brésil, la presse omnipuissante l'exhortait à un tel geste.

C'était le 29 avril, pour un match contre l'Argentine au Maracaña.

Je débarque, quatre ans après ma dernière sélection, alors que ce même Zagallo n'avait jamais daigné m'appeler ou prendre de mes nouvelles ! Nous réalisons un excellent match face à une super équipe argentine, que nous perdons 1-0. Je n'entendrai plus jamais parler ni de Zagallo, ni de sélection nationale. Quant à la suite, toute la France se souvient encore du parcours de mes compatriotes jusqu'en finale et le fameux « *Et un, et deux, et trois zéros* » infligé aux miens par la bande de Zizou. En riant, je raconte encore aujourd'hui que si j'avais été là, le résultat de la finale n'aurait pas été le même !

Un dernier retour pour Paris, pour les deux finales victorieuses en Coupes, et alors qu'il reste encore quelques matchs de championnat à disputer, les dirigeants de São Paulo – encore une erreur administrative, mais cette fois de l'autre côté de l'Atlantique –, se rendent soudain compte qu'il n'y a pas dans les règlements de cette saison de date butoir pour recruter. Or le club était qualifié pour la finale du championnat paulista dans laquelle il devait rencontrer le grand rival, les Corinthians. En matchs aller-retour.

Cela faisait cinq ans que São Paulo n'avait rien gagné.

L'équipe dispute donc le match aller et s'incline de justesse 2-1. C'est alors que l'on me fait intervenir, pour le match retour. On attend de moi un miracle. J'arrive gêné, comme à mes plus beaux jours, de débarquer et d'apparaître tout d'un coup comme par magie, à la suite d'une boulette administrative, pour, surtout, prendre la place d'un joueur présent pendant toute la saison régulière.

Je ne m'entraîne qu'une seule fois avec mes partenaires que je connais si peu mais le miracle a lieu : au retour, nous l'emportons 3 buts à 1 et nous sommes champions !

J'ai alors 33 ans, je vais rester encore deux ans au sein du club en tant que joueur, alternant les bons et les moins bons résultats avant de subir une rupture des ligaments croisés du genou. Sept mois d'arrêt.

Je reviens malgré tout, dispute encore une finale de Coupe du Brésil Cruzeiro et je vis surtout, la saison suivante, une défaite douloureuse en demi-finale de championnat, toujours face aux Corinthians. Nos adversaires mènent 3-2 et deux penalties seront sifflés en notre faveur. Je suis le tireur désigné. J'ai face à moi Dida, un très grand gardien… La première fois, comme d'habitude, je croise mon tir sur sa droite, mais Dida plonge bien, repousse le ballon et le bloque. Lors de ma deuxième tentative, je tente de tirer de l'autre côté, le gardien bondissant est encore là…

En me remémorant ce double échec, je repense, allez savoir pourquoi, à l'une des plus grandes polémiques du football brésilien… Un cataclysme moins sportif que racial. Il s'agit de la première Coupe du monde organisée chez nous, en 1950, dont nous sommes, et plus encore que l'Uruguay, les grandissimes favoris. Au sein de la Seleção, Moacir Barbosa est le gardien titulaire. Seul inconvénient, il est noir, comme Dida. Le meilleur gardien du pays jouait alors, et brillait, au Vasco de Gama. Lors de la finale hélas, devant près de 200 000 spectateurs soudain muets de stupeur, Barbosa anticipe mal une occasion de but et ne parvient pas à arrêter le tir vainqueur de l'Uruguayen Ghiggia. 2-1 pour la Celeste. Moacir Barbosa devient le coupable désigné de ce que l'on appellera chez nous le Maracanazo, « le choc du Maracana ».

Une histoire de couleur de peau, de pouvoir des élites blanches et de marginalisation des laissés-pour-compte, de rancœur, de jalousie qu'il a été difficile d'évacuer. « *Au Brésil, la peine maximale pour un crime est de 30 ans* », avait dit Barbosa dans un entretien diffusé en 1993. « *Depuis 43 ans, je paie pour un crime que je n'ai jamais commis* », avait-il ajouté.

L'image du gardien, genou à terre, symbolisant la défaite de tout un pays l'a poursuivi jusqu'à la mort… Il raconta même qu'un jour, dans un supermarché, une femme qui l'avait reconnu avait dit à son fils : « *Regarde cet homme, c'est celui qui a fait pleurer tout notre pays.* »

Dans les années 1990 et 2000, Dida fut le premier goal noir à garder à nouveau les buts de la Seleção, n'hésitant pas, dans un combat louable et noble, à appeler le monde du football à briser le tabou et à reconnaître que la couleur de la peau n'est pas un crime. *« Barbosa a fait de grandes choses pour le football mais après ce match, il a été crucifié. Et ce fut quelque chose de terrible. »*

Pour moi, l'heure du glas a sonné.

Nous sommes en 2000, il est grand temps de raccrocher les crampons et de passer à des choses bien plus sérieuses que le football…

IX. Le football comme un art

Il y a une dizaine d'années, alors que se tournait un documentaire sur ma carrière, je suis retombé sur un court entretien filmé dans lequel je répondais à la personne qui m'interviewait que pour moi, la chose la plus importante dans le football était avant tout une question d'art… Propos de jeune homme, peut-être empreint de naïveté. Encore que, être naïf, c'est souvent être vrai, sans barrière ni autocensure. « *L'art, c'est la beauté, vous comprenez !* », avais-je poursuivi.

Me revoir, si jeune, si intimidé toujours par la caméra, m'avait immédiatement replongé à la fois dans mon passé, mais aussi et surtout dans la teneur de ma réponse. Je n'avais pas forcément tort et en y réfléchissant à plusieurs reprises, je suis convaincu que le sport en général, et le football en particulier, étaient l'un comme l'autre intimement liés à une forme de talent artistique. Une histoire de créativité individuelle mais surtout collective, de chorégraphie instinctive, et de beauté insoupçonnable…

La première chose qui me donne raison, c'est ce vieux numéro de *L'Équipe*, déjà le seul journal de sports français en 1958 qui, lors de la Coupe du monde disputée en Suède, avait titré en parlant de la sélection brésilienne en passe de révolutionner le monde du ballon rond et d'obtenir son premier titre de champion du monde : « *Le football est un art !* » Sans doute parce que le journal ne savait pas vraiment comment définir ce que ses envoyés spéciaux voyaient sur le terrain. Les dribbles de Garrincha d'abord, suivis des improvisations d'un jeune joueur de génie nommé Pelé, appelé à devenir le plus grand talent individuel de tous les temps… Il y avait dans la dimension collective comme dans l'expression individuelle un surplus de grâce, de maîtrise et de *maestria* presque surnaturelle qui faisait que le football ne serait sans doute plus jamais le même.

Même si, au cours des années, d'autres artistes vinrent apporter leur contribution à l'élégance du geste, à l'esthétique du mouvement, à la chorégraphie lumineuse d'un collectif. Juste en exemple, je citerai le fameux « élastique » de Rivelino, qu'il tenait d'un joueur brésilien nommé Sergio Echigu, et qu'il avait poussé à l'extrême pour en faire un geste virevoltant, parce que le ballon, qui passait de l'extérieur du gauche à l'intérieur du droit, lui collait au pied et préfigurait déjà la virgule de Ronaldinho, dont les arabesques semblent elles aussi venir d'un monde de prestidigitateurs…

Si un jour vous visitez le musée du football au stade Pacaembu de São Paulo, arrêtez-vous un instant sur la statue de Leonidas da Silva qui fut le premier, dans les années 1930 – il y a presqu'un siècle ! –, à tenter une bicyclette, ce geste spontané et spectaculaire que l'on appelle parfois un retourné. Dos au but, le joueur s'envole et tandis que ses jambes montent en ciseau, il reprend le ballon pour l'envoyer au fond des filets…

Avec eux, le terrain devient une scène où rien n'est vraiment répété, où l'instantanéité est le gage d'une forme de beauté surprenante car inattendue, souhaitée puis acclamée par celles et ceux qui en sont les témoins.

« *Sócrates Brasileiro Sampaio de Souza Vieira de Oliveira,*
A donné du ton philosophique à notre football,
Le soleil est tombé sur la pelouse,
Et s'est divisé en éclats de cristal,
Des noms se sont habillés de couleurs,
La lutte entre les hommes a commencé,
Jusqu'au coup de sifflet final. »

Il ne faut pas seulement écouter la samba que le compositeur José Miguel Wisnick, a écrite pour mon frère, il faut aussi écouter ce que lui, comme d'autres artistes, dit lorsqu'il évoque le sport que j'ai tant aimé : « *Le football, de tous les sports de ballon, est celui qui a le plus d'espace pour la création artistique, et même pour la rêverie artistique, parce que c'est un sport qui n'est pas fermé dans un combat entre l'attaque et la défense, c'est un sport qui laisse de l'espace pour la création de beauté, pour le développement de l'imagination, Parfois certaines actions ne sont pas efficaces, ne se terminent pas par un but, mais elles sont belles parce qu'elles ont été créées et transmises à celles et ceux qui les regardent et savent les apprécier.* »

Il évoquait ce fameux but que Pelé n'a pas marqué contre l'Uruguay lors du Mondial 1970. La feinte de corps du numéro 10 brésilien est pour moi digne d'un musée. Lorsque, lancé par Tostao, Pelé se présente devant Mazurkiewicz, le gardien uruguayen, il effectue une sorte de grand pont en en passant d'un côté alors que le ballon passe de l'autre. Ensuite, le plus grand des numéros 10 récupère le ballon et redresse sa course d'un tir croisé. Il n'y aura pas but car le ballon échouera au ras du poteau, mais je crois qu'il est rare de voir quelque chose d'aussi esthétiquement parfait...

Loin de moi l'idée d'en rajouter et de faire de mes compatriotes les chantres de la liberté artistique sur un rectangle de pelouse. La liste est aussi longue, celle des joueurs venus de tant d'autres pays qui, eux aussi, ont fait pousser des cris de bonheur aux spectateurs présents.

Nous avons tous des centaines d'exemple en tête : les Hollandais avec Cruyff, les Français avec Platini ou Zidane, les Russes avec Yachine, leur gardien de but sublimement spectaculaire, les Argentins avec Messi, les Anglais avec Keegan, Gascoigne ou Beckham, les Portugais avec Ronaldo...

En les regardant tous, ou même en revoyant des *highlights* publiés sur YouTube, je suis comme Walter Salles, le grand réalisateur brésilien, fan absolu de sport et de football, qui me confiait que l'émotion que l'on pouvait ressentir sur un terrain de foot n'avait pas d'égal. « *Même au cinéma ou au théâtre,* prétendait-il, *je ne retrouve pas la même intensité que celle que je ressens sur le terrain, C'est comme voir un très grand acteur jouer un rôle, mais avec la certitude que l'on est en train d'assister à quelque chose d'unique qui ne va pas se répéter...* »

Enfin, pour rester à égale distance du football, du cinéma et de la littérature, je ferais volontiers mienne cette affirmation de Pier Paolo Pasolini, le grand cinéaste italien, essayiste et poète, qui disait que « *le football pouvait s'écrire ou se jouer en prose comme en poésie* ».

La poésie est à mes yeux une création d'espaces inespérés, comme il y a des gestes, dans le foot mais ailleurs aussi, qui ne sont pas linéaires mais qui suivent des chemins inattendus. C'est quelque chose que nous ne pouvons pas exactement nommer, et dont le sens ne peut pas être traduit en mots… Mais ne serait-ce pas le propre de l'art, de la musique, de la danse, de la comédie ? Et sans doute du football tel que je l'aime.

Mais alors d'où vient-il, ce football si particulier ?

Avant de jouer sur un vrai terrain, m'avait confié le président Lula avec qui il m'arrivait parfois de discuter – il avait été ami avec Sócrates et a toujours eu beaucoup de respect pour notre famille –, *« il faut que l'enfant prenne du plaisir sur la terre battue, avec un ballon en caoutchouc, pour apprendre à le maîtriser et développer ainsi sa propre technique, celle qui ne s'apprend pas dans les clubs qui entraînent désormais les jeunes comme des apprentis pros ».*

C'est ainsi que j'avais grandi.

En mars 1994, lors d'un match de préparation contre l'Argentine, Carlos Alberto Parreira, le sélectionneur, toujours sous une pression énorme, avait eu cette phrase avec laquelle je ne sais toujours pas si je suis d'accord. Lorsqu'on lui avait posé une question sur son équipe et sur ses talents, il avait eu cette réponse : « *L'art n'est plus possible dans le football de haut niveau. Je ne veux pas supprimer la création ou la fantaisie, je ne vais pas mettre une camisole de force à chacun de mes joueurs, mais il n'y a plus de place pour l'art dans le football d'élite. Mais*, avait-il ajouté, *attention, la virtuosité, elle, existe toujours.* »

Oui, la virtuosité… Y a-t-il mot plus gratifiant pour définir ce que doit être le sport ?

Mais pour que le virtuose ait son mot à dire, son geste à ciseler, pour que le beau devienne la référence de ces jeunes, pour que d'une caresse du pied jaillisse le sublime, il faut que ce soit la liberté qui nous guide. Et cette liberté si chèrement acquise, nous devons non seulement la préserver mais surtout la faire fructifier. Sur les terrains comme ailleurs.

Cela sera-t-il possible dans notre monde où tout va si vite, où demain ne saura plus ce qu'est aujourd'hui et ce que fut hier ?

Troisième partie

I. Sur le terrain de l'enfance

Les efforts de mémoire ne sont jamais faciles lorsque l'on atteint mon âge. Je viens de fêter mes 60 ans, et quand il s'agit de creuser sur les 25 dernières années de ma vie, là encore j'ai un peu de mal à agencer les flots pourtant pas si tumultueux de mon existence.

J'ai déjà parlé de ma rencontre avec Leonardo lorsqu'il avait rejoint São Paulo, la relation fraternelle que nous avions tissée, son arrivée au PSG et les discussions échangées tous les deux sur un projet social et éducatif à destination des enfants défavorisés.

Lorsque je reviens au pays, l'idée ne m'a pas quitté. Déjà, lors de mes précédents retours, j'avais pris contact avec des associations humanitaires et des ONG car j'étais demandeur de conseils. Savoir s'entourer permet toujours de gagner du temps. J'avais d'abord établi un contact avec une association de dentistes qui proposait des soins gratuits aux populations les moins bien loties, puis j'avais fait la connaissance de deux personnages très importants.

Le premier s'appelle Oded Grajew, c'était un ami proche du président Lula, homme d'affaires avisé autant que philanthrope tourné vers le bonheur des autres. Oded a d'abord cofondé au début des années 1970 une entreprise consacrée au développement, à la fabrication et à la vente de jouets, qui furent très vite reconnus comme particulièrement innovants et d'excellente qualité. Il est progressivement devenu un homme d'affaires important et s'est surtout penché, 20 ans plus tard, sur l'aspect social de notre société, secteur si déficient au Brésil comme ailleurs.

Ainsi, c'est Oded qui est à l'origine du Forum social mondial lancé en 2001 à Porto Alegre. Mieux même, c'est lui qui avait également créé, au tournant du XXe siècle, la fondation Abrinq pour les droits de l'enfance et de l'adolescence. Une fondation, brésilienne évidemment, qui promeut des programmes et des projets tous azimuts à destination d'une jeunesse qui n'est ni prise en compte par les gouvernants, ni véritablement encadrée par ceux qui en ont la charge, les parents notamment. Plus d'un million de jeunes Brésiliens en ont bénéficié. Par ailleurs, Oded lutte aussi pour les droits fondamentaux de la jeunesse, en particulier en s'élevant contre le travail des enfants, : il est à l'origine d'une loi encadrant cette pratique d'un autre âge[5].

---

5. Une loi existait au Brésil, obligeant les entreprises, moyennes et grandes, à embaucher un quota de jeunes apprentis. Mais cette loi n'était guère respectée, parce qu'il n'existait pas de réglementation précise que les parlementaires auraient pourtant dû approuver depuis des années. En 2005, Oded et quelques autres – dont ma modeste personne –, ont mobilisé des chefs d'entreprise, des gens de la société civile, des sportifs, des artistes, pour que cette loi soit enfin adaptée aux réalités sociales du Brésil. Depuis, des millions de jeunes ont pu en bénéficier et trouver des stages, puis du travail.

C'est un homme en tous points remarquable que je rencontre donc une première fois. Au cours de notre entretien, je me souviens que l'une de ses premières questions m'avait un peu déstabilisé. Il m'avait demandé comment je me positionnais politiquement. J'avais préféré éluder la question. J'avais certes ma propre conscience mais, contrairement à d'autres, je n'avais jamais eu vraiment à souffrir de l'injustice sociale si forte dans notre pays. À ma naissance, mon père avait déjà acquis un rôle important dans la société civile et la seule connaissance que j'avais des disparités, c'était celle acquise en évoluant à côté de joueurs qui ne venaient pas d'un milieu aussi favorisé que le mien.

De plus, ayant grandi sous la férule de la dictature militaire qui, je le rappelle dura jusqu'en 1985, même si mon propre père n'hésitait jamais à lancer les débats, et si Sócrates, mon frère, n'avait jamais cessé de crier haut et fort qu'il était aussi là pour combattre un système politique corrompu et affaibli dont nul ne voulait plus, nous avions tous grandi dans une sorte de cocon où la prudence régnait et où le « moins on en dit, mieux on se porte » était de mise.

En tout cas, sans répondre totalement à son interrogation concernant mon engagement politique, je fais part à Oded de mon idée, et à partir de cet instant, il ne m'a jamais laissé tomber, restant disponible et fidèle. Homme de conseils, de réflexions et de décisions, il m'a influencé autant qu'il m'a aidé.

C'est Oded, par exemple, qui m'a mis en relation avec la fondation Ayrton Senna : « *Je te les ferai rencontrer m'avait-il dit un jour, tu verras, ils font un travail remarquable.* » Dans un trait d'esprit un peu morbide, j'avais répondu que je rencontrerai avec plaisir Viviane, la sœur d'Ayrton, à condition de ne pas mourir avant. Car la fondation avait été lancée après la disparition tragique de son frère, célèbre pilote de Formule 1 mort le 1er mai 1994 lors du Grand Prix de San Marin…

Considéré comme l'un des plus grands pilotes de l'histoire de la Formule 1, champion du monde à trois reprises, vainqueur de 41 Grands Prix et auteur de 65 pole positions, Ayrton avait succombé après un accident à grande vitesse à la sortie du fameux virage de Tamburello sur le circuit d'Imola, en Italie. Une rupture de la colonne de direction de sa Williams, un mur en béton : malgré tous les efforts des secouristes, et un premier transport en hélicoptère jusqu'à l'hôpital Maggiore de Bologne où sa mort cérébrale est constatée, puis une opération neurochirurgicale dans un autre établissement spécialisé pour une opération du cerveau dite « de la dernière chance », le décès est prononcé vers 18 h 30… Ce drame – qui venait clore un week-end maudit où, la veille, Roland Ratzenberger, un autre pilote, autrichien, avait trouvé la mort – fut vécu comme un deuil national au pays : il s'agissait ni plus ni moins que la fin funeste d'une icône brésilienne mais aussi planétaire. L'émotion ce jour-là, fut mondiale. Quelques jours plus tard, après notre finale de la Coupe du monde remportée face à l'Italie au Rose Bowl de Los Angeles, toute l'équipe avait voulu rendre hommage à notre compatriote, pilote magnifique. Nous avions déployé une banderole sur laquelle était écrit : « *Senna, acceleramos juntos, O tetra é nosso.* » Ce qui signifiait « *Senna, nous accélérons ensemble, le quatrième est à nous.* » Nous poursuivions le rêve d'un quatrième trophée mondial, Ayrton celui d'un quatrième titre de champion du monde de F1…

Issu d'un milieu aisé, lui-même rapidement multimillionnaire, Ayrton n'était pas seulement un immense champion dont les duels notamment face à Alain Prost, pilote français auréolé lui de quatre titres de champion du monde, fascinaient les foules, il était également préoccupé par les graves difficultés économiques et sociales de notre pays. Finançant pendant plusieurs années des œuvres caritatives, il avait commencé à réfléchir à un projet de très grande envergure pour aider les enfants les plus démunis d'une manière organisée et efficace. Senna disparu, c'est sa sœur Viviane qui a poursuivi le projet à travers la fondation qui porte désormais le nom de son frère. Au cours des 30 dernières années, ce sont ainsi plus de 100 millions de dollars qui ont été investis pour venir en aide à notre jeunesse déshéritée, sur l'ensemble du territoire national.

Aujourd'hui, la fondation aide les écoles et met en place des projets éducatifs pour les enfants et adolescents qui n'ont rien, notamment par la pratique régulière du sport l'après-midi après la classe du matin. Selon Viviane, il s'agit non seulement d'apprendre aux enfants à respecter des règles et le fair-play mais aussi de les « fatiguer » afin qu'ils se couchent tôt et évitent de traîner dans les rues si peu sûres des favelas.

Lorsque je la rencontre pour évoquer ce que j'ai en tête, elle aussi m'encourage vivement : « *Nous avons commencé par donner à manger aux gens qui en avaient le plus besoin, m'a-t-elle dit, je crois que c'est encore mieux de commencer par leur apporter l'éducation et leur donner les quelques clés essentielles pour appréhender la vie.* »

« *Quand un homme a faim, mieux vaut lui apprendre à pêcher que de lui donner un poisson* », aurait dit Confucius… La phrase fonctionne évidemment pour les enfants aussi.

Car mon Brésil est aussi celui des gamins des rues, galopins perdus sans collier, uniquement vêtus de haillons, abandonnés, vivant dans la chaleur le jour autant que dans le froid la nuit, contraints à mendier, à voler, ou à tomber dans les activités plus criminelles encore. Ce n'est pas une image, jamais la pauvreté de nos jeunes générations à venir n'a été aussi visible chez moi, dans les grandes villes notamment. Il y a quelques années, un rapport justement publié par la fondation Abrinq, intitulé « Paysage de l'enfance et de l'adolescence au Brésil », estimait à plus de 40 % le nombre d'enfants vivant en situation de pauvreté, dont 5,8 % en situation d'extrême pauvreté, tandis qu'on comptabilisait quatre millions de jeunes habitant les favelas. Allant dans mon sens, le rapport d'experts stipulait aussi que près de 70 % des enfants de 0 à 3 ans n'avaient aucun accès à des garderies publiques ou privées et que 1,6 million d'adolescents entre 15 et 17 ans étaient déjà déscolarisés.

Les chiffres étaient alarmants et la liste était longue des statistiques appuyant cette déliquescence des forces vives de notre société. Pauvreté, violence intrafamiliale, crimes jamais résolus : ainsi, 70 % des jeunes assassinés étaient noirs de peau, pauvres et vivaient dans des périphéries insalubres et livrés à eux-mêmes dans des ghettos sans foi ni loi. Et parmi tous ces jeunes, combien étaient-ils à avoir sombré dès le plus jeune âge dans les drogues diverses : éther, colle, marijuana, cocaïne, héroïne…

Voilà comment tout commence.

Avec Leonardo – issu comme moi d'un milieu social plutôt favorisé avec un père également fonctionnaire –, Oded, et Viviane…

Le travail s'annonçait titanesque mais captivant, je le ressentais au plus profond de ma chair.

Pour résumer : j'avais envie d'offrir aux jeunes de mon pays les mêmes possibilités que celles que je pouvais donner à mes propres enfants. Je me souviens que mon frère Raimar avait été très surpris la première fois qu'il était venu me voir à Paris parce que nous avions amené avec nous une jeune nounou brésilienne pour s'occuper de nos deux filles. En constatant que la fille de cette gouvernante pouvait étudier dans les mêmes établissements que nos propres enfants, Raimar n'en avait pas cru ses oreilles.

Ne me restait plus dès lors qu'à lancer le projet.

Entre-temps, il a fallu que je revienne à Paris pour disputer mes dernières finales, dire au revoir à tous les amis français. Avant de regagner enfin le Brésil pour mes deux dernières années de contrat professionnel au São Paulo FC.

***

Tout en jouant toujours au foot, je continue à travailler d'arrache-pied et fin 1998, le 10 décembre exactement, jour qui correspond à la Journée internationale des droits de l'Homme, la fondation Gol de Letra est officiellement créée.

Il s'agit d'une organisation issue de la société civile, sans aucun but lucratif, dont la mission est donc de contribuer à l'éducation des enfants et des jeunes, socialement vulnérables, plus particulièrement au centre de nos si tristes favelas.

Le nom est une sorte de jeu de mots, mêlant *gol*, le but marqué et *letra*, qui signifie à la fois lettre, et donc éducation, mais évoque aussi un geste technique du football qui ressemblerait à une talonnade en extension. En français, on pourrait par exemple le traduire par « but pour l'éducation ».

Lorsque j'en avais parlé à Leonardo, parce que le nom m'était venu à l'esprit des mois auparavant, il avait beaucoup apprécié, tout en se demandant si cela ne faisait pas un peu prétentieux. Il aurait préféré le mot « geste » au mot « but », mais je lui avais répondu que non, que cela sonnait bien. La suite m'a plutôt donné raison.

Après que Tina – qui était toujours ma femme malgré notre séparation lors du retour au Brésil – m'a épaulé dans les recherches du lieu le plus adéquat, nous sommes tombés sur l'endroit idéal. C'était au cœur de São Paulo, dans un quartier nommé Vila Albertina, où une favela s'était développée au cours des années. Il s'agissait d'un quartier pauvre, violent, où nous avons d'abord cherché à engager un dialogue avec les habitants, les mères, les assistants sociaux, peu nombreux, les responsables politiques et même les chefs de gang locaux, pour expliquer ce que nous voulions faire. Puis nous avons pu récupérer les locaux d'une école désertée et abandonnée depuis des lustres. Avec l'État de São Paulo, dont le gouverneur d'alors était un ami de mon père, – un de ceux justement qui lui avait proposé de rentrer en politique ! –, nous sommes tombés d'accord et avons alors signé une concession gratuite et renouvelable. Le million d'euros, une donation à fonds perdus, que nous avions apporté, Leonardo et moi, ne devait pas nous servir à bâtir des locaux, nous voulions utiliser cette somme pour d'autres priorités.

Nous désirions avant tout aménager les lieux : des salles et des terrains de sport, un réfectoire, une bibliothèque/salle de lecture, des classes où les enfants seraient à leur aise, tout devait être fait pour que nos futurs hôtes se sentent bien, ici, loin des miasmes de l'existence, et hors de toute vulnérabilité sociale.

En attendant l'ouverture, nous avons continué à multiplier les réunions avec les habitants du quartier pour leur expliquer ce que nous voulions faire et comment nous allions le réaliser. Ce n'était pas simple, notamment à cause de ces résidus de la dictature qui n'avait été remplacée qu'une quinzaine d'années auparavant… Le totalitarisme laisse toujours des traces visibles et difficiles à gommer.

Ainsi, contrairement à la France où le monde associatif est bien réel et semble dessiner comme une gigantesque toile d'araignée sur l'ensemble du pays, le Brésil n'avait pas cette culture-là. À cause des militaires au pouvoir qui empêchaient toute forme de réunion publique de crainte que se propagent des idées révolutionnaires, il était interdit de se réunir en groupe. Il a fallu se battre pour que les visages se détendent et que s'ouvrent les lèvres. Car de notre côté, nous ne voulions rien imposer aux habitants, nous voulions simplement construire le projet avec eux.

À Vila Albertina, nous avons par exemple créé une liste de diffusion sur laquelle il fallait s'inscrire pour ensuite être convié à des réunions où nous discuterions du projet. Cela en valait la peine, certains habitants pensaient, à cause de mon nom et de mon parcours, qu'il s'agissait juste de monter une école de foot, d'autres n'en croyaient pas leurs yeux de me voir là et ne cessaient de répéter que c'était Dieu qui m'avait envoyé pour les aider. Je les ai calmés rapidement en leur certifiant que Dieu, quel qu'il soit, n'était pour rien dans cette opération.

Que c'était seulement notre devoir, à nous les mieux lotis, de nous tourner vers les plus démunis pour les aider.

Le premier travail fut donc de changer l'état d'esprit des parents, pour qu'ils acceptent de renvoyer leur progéniture chez nous. Si l'école avait été fermée, si certains avaient inscrit leurs propres enfants ailleurs, c'était aussi à cause de la réputation de l'endroit. Mal famé, sale, dangereux.

Il fallait renverser tout cela pour établir les fondations de ce que nous voulions faire…

Transformer la réalité des enfants et des jeunes vivant dans les quartiers socialement vulnérables et lutter contre la pauvreté et les inégalités, telle était donc la mission première que nous nous étions fixée. Mais comment ? En utilisant l'éducation et le sport comme leviers de transformation sociale, *via* notamment des ateliers d'orientation scolaire, des activités de développement, des savoir-faire fondamentaux, de la formation professionnelle.

Cette approche repose sur le principe de l'éducation intégrale, un accompagnement qui intègre toutes les dimensions de la vie d'un jeune : son rapport à l'école, sa situation familiale, ses relations sociales, etc. Pour cela, notre fondation entendait s'appuyer sur une équipe pluridisciplinaire composée d'éducateurs sportifs, d'assistantes sociales, de psychologues, etc. Le sport me paraît être la meilleure porte d'entrée pour permettre ensuite d'aborder tous ces aspects essentiels dans la construction des jeunes, afin qu'ils deviennent ensuite eux-mêmes des acteurs de la transformation sociale.

Nous décidons très vite, autant que faire se peut, d'accompagner les enfants à partir de 3 ans puis, devant le succès grandissant de notre entreprise, de continuer le travail jusqu'à l'âge de 25 ans, notamment en aidant et soutenant ceux qui le désireraient dans leur chemin vers l'emploi. Entre 3 et 14 ans, nous nous appuyons beaucoup sur les activités physiques, en association avec des cours plus classiques, de l'éveil artistique, de la lecture, afin d'aider les enfants à ouvrir leurs horizons.

À partir de 15 ans, en revanche, les jeunes seront invités à trouver leur vocation, dans le sport à travers des programmes de formation d'éducateurs sportifs, mais aussi dans d'autres domaines qui correspondent à leurs aspirations.

Pour moi, il paraissait évident que Gol de Letra devait jouer un vrai rôle de transformateur social au niveau local et permette à une volonté commune d'émerger pour que le quartier change. Et pour que les jeunes qui le souhaitent puissent y rester et s'y épanouir.

Une fois tout cela mûrement réfléchi et défini, nous avons constitué des équipes de collaborateurs de tous ordres, animateurs, formateurs, agents d'entretien… Une myriade de boulots pour lesquels nous recevions même de petits messages discrets venant de la part de certains voyous qui tenaient le quartier. « *Si vous prenez untel ou untel, ce serait bien, il pourrait ainsi sortir de notre monde de trafiquants.* » Nous en prenions bonne note, mais ce n'était pas forcément une raison suffisante à nos yeux pour offrir un travail et céder à la pression des petits barons de l'endroit…

II. C'est parti !

Et c'est donc en août 1999 qu'arrivent les premiers enfants tandis que l'année suivante, une fois ma carrière sportive définitivement terminée, Gol de Letra devient ma principale activité.

Il y avait bien sûr des équipes en place, mais j'avais besoin de passer pratiquement tous les jours pour ressentir les choses et prendre le pouls de cette aventure qui me tenait tellement à cœur. C'est la première décision importante de mon après-carrière sportive.

Je ressentais une telle envie de prouver que mes idées, ou plutôt mes idéaux, pouvaient fonctionner dans la réalité ! Et j'avais plus encore besoin d'une expérience de terrain qui me lierait fondamentalement à cette « intégration radicale ». C'est ce qui nous a guidés depuis la création de la fondation, viser au développement personnel des jeunes, des adolescents et, par extension, des communautés auprès desquelles nous exerçons nos activités, *via* les activités physiques et intellectuelles, le tout formant un fabuleux triptyque pour ensemble s'élever vers de nouveaux sommets ! Quel vaste programme !

Apprendre à s'ouvrir à la beauté du monde des arts, comprendre que la valeur d'une chose n'est pas seulement financière, être capable de jouer un morceau de samba, monter sur les planches, peindre un tableau, n'existe-t-il rien de plus beau pour la satisfaction de l'esprit ?

Et le sport ? Vu mon parcours, je l'ai toujours considéré comme un élément essentiel de l'épanouissement de l'être humain. Le sport, quel qu'il soit, favorise l'inclusion et l'interaction entre les hommes, il encourage l'autonomie et le sens du collectif, autorise, comme j'en ai parlé, la créativité et la naissance d'une certaine forme de beauté, et permet d'occuper ensuite les espaces publics de manière à la fois participative et engageante.

Plus important encore, à destination de cette jeunesse désincarnée, sans but ni avenir, le sport est un parfait vecteur pour transmettre les valeurs et le respect de la diversité, pour promouvoir la coexistence démocratique et l'acceptation des intérêts individuels et collectifs. Sans oublier, dans ce monde où rien n'est facile au quotidien, tous les bénéfices qu'il apporte à la santé et au bien-être.

À mes yeux, à nos yeux, le sport est un facteur important de la transformation sociale…

Quant à l'éducation publique, ou populaire, pour y revenir sur un spectre plus large, au Brésil, elle était à un niveau très bas et, là encore, c'était un des problèmes récurrents du pays et de son avenir à moyen terme. Éduquer la jeunesse était donc à mes yeux une priorité, autant que l'accès à la santé ou au travail… C'est pour cela que, dans ce cadre-là, j'ai toujours pensé que le football, qui m'avait construit en tant qu'homme, et l'école, où j'allais enfant, ne trouvaient que rarement manière à dialoguer. Tout comme les activités artistiques étaient également laissées sur le bord de la route…

J'étais également en quête, un peu comme Sócrates dans ses combats politiques, de lieux où tout se mélangerait, où l'on se parlerait, où l'on échangerait, où chacun non seulement chercherait à s'intégrer mais y parviendrait, pour le plus grand bonheur de tous.

Une utopie ? Peut-être.

Mais les résultats, à notre petite échelle, sont là pour démontrer qu'il est possible de renverser des montagnes, même au Brésil où les favelas ont souvent été construites à ciel ouvert sur des collines dominant les grandes villes.

***

Avant de mettre un terme à ma carrière, dans un geste symbolique, au cours de l'un de mes derniers matchs contre les Corinthians, et parce que certaines personnes du quartier me l'avaient demandé, après avoir marqué l'un de mes ultimes buts, j'ai fait un geste de la jambe qui ressemblait à la *letra*, la talonnade… Tous les habitants du quartier qui l'avaient vu, ou su, avaient apprécié ce qui ressemblait à un clin d'œil.

***

Aidés par des pédagogues, des sociologues et des spécialistes de l'enfance, nous avons ensuite construit, brique après brique, une méthodologie dont nous entendions faire un modèle.

J'ai par exemple commencé à lire les bouquins du Suisse Jean Piaget, dont les nombreux travaux, au cours du XXe siècle, ont apporté un éclairage sur l'« intelligence » de l'enfant. À ses yeux, et c'est un résumé fort bref, les enfants, quels qu'ils soient, construisent leur compréhension du monde en fonction de leurs propres expériences dans une forme d'adaptation au vivant, dont les adultes n'avaient jusqu'alors pas idée. Cet éclairage nouveau et la théorie de l'apprentissage que développe Piaget exerceront une influence notable sur la pédagogie et les méthodes éducatives dont nous allons nous inspirer. À l'époque, on appelait cela le constructivisme et il s'agissait, en résumé, de considérer les enfants un peu comme nos semblables afin d'instaurer avec eux un véritable dialogue, sans rapport de force ou de classe. Pour que chacun s'élève en faisant fonctionner cette intelligence si souvent laissée en déshérence par les soubresauts de la vie.

Réfléchir à l'éducation des enfants me replonge toujours dans mes jeunes années, lorsque j'ai commencé à m'interroger sur mon propre avenir. Épaulé par Sóstenes qui, un jour alors que j'étais passé chez lui et que nous discutions de tout et de rien, m'avait simplement demandé, alors que je jouais plutôt bien pour le Botafogo de Ribeirão Preto, ce que je voudrais faire si d'aventure ma carrière de footballeur s'arrêtait d'un coup…

Je me souviens avoir dit, pour la première fois, que je pourrais devenir éducateur ou psychologue infantile pour travailler sur le développement cognitif des enfants. Et je me souviens que j'avais mes premières théories. Je sais que cela paraît étrange, comme une vocation qui allait être mise en sourdine parce que je me débrouillais bien avec un ballon…

Comme mon frère me demandait d'expliquer pourquoi je ressentais cela, je lui avais simplement répondu que j'étais fasciné par ce que pouvait ressentir un enfant. Un bébé même qui, j'en étais persuadé, allait être durement marqué par les premières secondes de sa venue au monde, ce qu'il voit, entend, sent ou ressent… Puis j'avais poursuivi mon raisonnement, qui se tenait tant bien que mal en demandant comment expliquer que deux enfants, ou plutôt deux frères qui grandissent ensemble, soient complètement différents. L'un en ouvrant les yeux a vu du bleu et entendu des paroles rassurantes, l'autre n'a perçu que du rouge et des phrases moins éloquentes…

***

Créer Gol de Letra a donc été un moment très riche de ma vie, une fois que j'avais enfin le temps de revenir à mes premières amours, si je puis dire… Mais cela ne me suffisait pas. Vouloir changer la donne, c'est aussi attendre et patienter, pour juger des résultats et du bien-fondé de ce que nous avons entrepris.

Très rapidement, à peine plus d'un an après l'ouverture de la fondation, nous avons constaté que certains comportements avaient changé. Ceux des enfants, bien sûr, ce n'est jamais le plus compliqué, mais aussi celui des parents, les mères notamment à qui revient souvent l'éducation de la chair de leur chair, tandis que les pères se débrouillent pour rapporter de quoi subsister ou de quoi survivre.

Dès le début, nous avions immédiatement perçu un intérêt fort chez les mamans, surtout celles qui élevaient leurs enfants seules, pour lesquelles Gol de Letra était un lieu d'expression ouvert et libre. C'est pourquoi nous avions également mis en place des formations destinées aux parents, par exemple dans l'informatique, dans les domaines du droit ou de la santé. Ces formations, qui devaient contribuer à l'insertion professionnelle et au bien-être de personnes qui se sentaient dévalorisées au quotidien, ont rencontré rapidement un réel succès. Tout comme les petits événements sportifs que nous mettions sur pied régulièrement (courses dans les quartiers, tournois, etc.), ouverts aux familles, pour favoriser à la fois les interactions avec les éducateurs et l'équipe pédagogique et pour multiplier les expériences communes entre parents et enfants.

Si bien que, très vite, une association de mères s'est aussi formée dans le quartier, baptisée « Les femmes en action », comme si, ensemble, ces femmes avaient compris qu'il était possible d'agir, localement certes, mais en cessant de se lamenter ou de ne rien faire, parce que ce ne serait que se résoudre à la fatalité. En prenant à bras-le-corps les problèmes et en se groupant pour essayer de les résoudre, il est toujours possible de trouver des solutions simples, viables et satisfaisantes aux yeux de tous. Comme si, un peu à la manière de ce qu'Oded Grajew m'avait fait comprendre, l'impact que nous avions pu avoir sur le quartier pouvait avoir un effet quasiment politique sur le comportement de certains de ses habitants !

Normal : quand nous avons commencé notre travail avec les jeunes, il fallait aussi travailler en direction des mères et leur fournir cette formation politique dont elles manquaient souvent, pour leur faire comprendre leurs droits, les obligations de la ville, comment devenir les représentantes du quartier. Quelques années plus tard, lors d'élections locales, sur les 20 candidats affichés, dont de nombreuses femmes, nous nous étions aperçus que sept d'entre elles étaient venues à Gol de Letra.

***

Nous étions sur le bon chemin et ne pouvions pas nous arrêter là. Alors, nous avons continué à aller de l'avant.

Avec Leonardo, nous avons ouvert un deuxième lieu, à Rio cette fois, chez lui. C'était en 2006, déjà, dans le quartier portuaire de Caju.

C'est ainsi que s'est construit cet élément fondamental de ma vie, rythmé au fil des années par des idées nouvelles, des programmes communautaires, des projets innovants salués par des prix et des récompenses dont nous ne tirions aucune fierté si ce n'est le bonheur d'avoir défriché un chemin pour que nous soyons nombreux à l'emprunter, même ceux que la société tentait d'invisibiliser.

Ma vie se nourrissait de ces échanges et de cette ascension à laquelle pouvait désormais prétendre la jeunesse du quartier. Lequel quartier s'était un peu pacifié, était devenu plus calme : même si les incidents et les trafics n'avaient pas complètement disparu, le fait d'installer l'école en plein centre, d'irriguer l'espace avec notre volonté de transmission et de formation, a eu un impact réel qui m'a rassuré et tranquillisé. Tout n'était pas terminé évidemment, une ville est un corps social reptilien qui bouge sans cesse et ne se transforme que lentement.

Je reste toutefois optimiste, car je suis sûr qu'il est possible de faire changer la vie des gens, même les plus démunis.

Chez nous, il existe même aujourd'hui toute une gamme de formations différentes pour les jeunes afin de les aider à construire un projet de vie. Des formations humaines mais aussi plus techniques. Nous venons par exemple de lancer une école de boulangerie-pâtisserie, à São Paulo.

Quel était donc cet étrange métier devenu le mien dorénavant ?

Parfois, lorsque j'étais appelé par des télévisions ou des radios pour faire le consultant sur certains matchs, ou certaines épreuves, je me posais cette question. Je me souviens qu'au début, lorsque je devais dormir à l'hôtel et qu'il me fallait remplir une fiche de renseignements comme le veut la loi brésilienne, je ne savais jamais quoi mettre en face de la rubrique « métier ». Je n'étais plus footballeur, je n'étais pas journaliste, bénévole n'était pas une occupation professionnelle. Quel était donc mon nouveau statut ?

Quelques années plus tard, j'ai appris qu'il m'aurait suffi d'écrire « entrepreneur social » pour justifier de mon travail. Un terme un peu paradoxal, mais qui me convient parfaitement aujourd'hui.

La partie sociale, je l'avais saisie depuis longtemps, le côté entrepreneur, en revanche, s'est dévoilé sous mes yeux. Pour financer Gol de Letra, il fallait de l'argent, et donc des partenaires : même si l'école est gratuite, tu n'entreprends rien sans argent, il faut payer les salaires des éducateurs, des formateurs, des gens qui font le ménage, l'eau, l'électricité...

***

Il nous reste aujourd'hui encore bien du travail. Notre objectif pour les prochaines années est de réussir l'essaimage de notre projet, notamment dans quinze nouvelles régions au Brésil, voire aussi en France, en nous adaptant aux enjeux et aux particularités du territoire. Nous poursuivons également nos actions en Guinée-Bissau, où nous travaillons depuis près de 15 ans avec les acteurs locaux, afin de développer et enrichir leurs politiques socio-éducatives grâce à un accompagnement adapté à leurs besoins.

La première tentative mérite d'être racontée. Elle concerne donc la Guinée-Bissau, un confetti coincé de la grande Guinée, où l'on parle la même langue que nous, le portugais. Indépendant depuis 1974, ce petit pays d'Afrique de l'Ouest à l'instabilité chronique a connu de nombreuses fluctuations souvent sanglantes jusqu'en 2014 : coups d'État, renversements de gouvernement, guerre civile, assassinat de président élu, avant un retour progressif à la légalité constitutionnelle et quasiment républicaine.

Or un jour, un jeune de Bissa, la capitale, qui habitait un quartier portant le même nom que la ville où j'habite, São Paulo, s'est décidé à nous écrire. Intelligent mais pauvre, il avait dans l'idée de construire une école pour son quartier et, je ne sais par quel miracle, trouvé notre adresse et envoyé une lettre à Gol de Letra… Mon frère Sóstenes, alors président de la fondation, l'a reçue, l'a lue et mise dans un tiroir puisque notre mission n'était pas encore d'aider les pays encore moins émergents que le nôtre.

Seulement quand, quelques mois plus tard, un représentant du ministère des Affaires étrangères du gouvernement Lula est venu nous rendre visite parce que le gouvernement souhaitait lancer une forme de collaboration avec certains pays d'Afrique, il nous a confié être à la recherche de projets à dimension humaine. Sóstenes s'est alors souvenu de la lettre, l'a extirpée du tiroir et en a parlé au représentant du ministre. « *Mais quelle bonne idée !*, nous a-t-il rétorqué, *allez-y, nous vous donnerons un coup de main.* »

Nous sommes allés construire une école en Guinée-Bissau.

III. En France aussi

Gol de Letra a donc eu un certain impact. Même ici en France.

Lorsque j'avais annoncé la création de la fondation, des gens l'avaient su, des supporters du PSG par exemple, et m'avaient aussitôt envoyé des lettres, et même des chèques, au Brésil, admiratifs qu'ils étaient de ce que nous étions en train de lancer. Si bien que dès 2001, après un match de gala, un « jubilé » comme on dit dans notre jargon de footballeur, organisé en mon honneur dans un Parc des Princes comble pour un match qui opposait une sélection du PSG à une sélection brésilienne, nous avons décidé d'ouvrir une antenne en France.

Pour la petite histoire, et pour en revenir à cette rencontre pas tout à fait comme les autres, je garde en mémoire le « merci Raí » écrit en lettres de feu au centre de la pelouse, le feu d'artifice, l'ovation du public lorsque je suis sorti seul des vestiaires – homme sensible, j'en ai encore des frissons – tandis que le public comme des années auparavant entonnait des « Capitaine Raí » à n'en plus finir.

La rencontre fut un festival de plaisir partagé et de gestes techniques qui ravirent les spectateurs. Des olas ponctuaient les plus belles actions, David Ginola fut plébiscité plus encore que tous les autres, Luis Fernandez quitta un instant son poste d'entraîneur distingué pour venir épauler l'équipe du PSG, les relances de Bernard Lama pour David Ginola ont rappelé à tous les grandes années 1990, tandis que Youri Djorkaeff, blessé, était sur le banc et discutait avec Ronaldo, son ancien partenaire de l'Inter de Milan, qui était venu mais ne pouvait pas jouer non plus… « *J'avais envie, mais s'ils l'avaient vu en Italie, je me serais fait souffler dans les bronches* », m'avait-il dit…

Dans la tribune officielle, Michel Denisot et Pierre Lescure, mes anciens boss, passaient un moment merveilleux : « *C'est un match exceptionnel pour un homme exceptionnel* », me glissera gentiment le président de la chaîne cryptée.

La fête s'est terminée sur un match nul (3-3) avant que je n'entame un tour d'honneur, offrant mon maillot à la tribune de Boulogne et mon t-shirt à celle d'Auteuil, et de continuer la soirée au Planet Hollywood, un restaurant où nous avions quelques habitudes ! et dont le directeur général était à la fois un supporter du PSG, un ami, et un donateur généreux puisque ce soir-là, il offrit la soirée à notre fondation.

Les organisateurs ont sans doute gardé des subsides sous le coude, mais ce n'était pas très grave. Une fois la filiale française lancée, nous avons commencé avec des bénévoles, français et brésiliens, avec un président, une trésorière, un séminaire annuel, mais sans qu'il y ait de projet purement hexagonal. Chaque année, en revanche, et depuis environ 20 ans, un groupe de jeunes Brésiliens se rend en France pour une durée de trois semaines, et un groupe de jeunes Français effectue un voyage similaire au Brésil. Ces séjours sont l'occasion pour eux de participer à des activités afin d'ouvrir leurs horizons, de vivre de nouvelles expériences et de tirer des enseignements et des perspectives pour leurs vies futures. Ce programme d'échanges favorise également un enrichissement mutuel grâce aux discussions entre les éducateurs brésiliens et français. C'est un dispositif qui nous tient beaucoup à cœur et que nous prévoyons d'élargir dans les prochaines années.

De même, l'an dernier, pour cause de Jeux olympiques Paris 2024, nous avons allongé la durée de ce programme d'échanges afin que les jeunes Brésiliens puissent vivre une expérience exceptionnelle en lien avec le sport, en assistant à la cérémonie d'ouverture des JO et des Jeux paralympiques. Nous avons également poursuivi notre démarche d'ouverture internationale avec l'organisation en juillet à La Sorbonne de nos deuxièmes rencontres sur l'insertion sociale par le sport. Cet événement qui a remporté un vif succès a été l'occasion de rassembler des experts des politiques publiques du sport et des représentants de différents pays : outre la France et le Brésil, nous avons eu le plaisir d'accueillir des Canadiens, des Britanniques, des Australiens…

Quant à cette année 2025, pendant ce qui a été baptisé la « Saison croisée France-Brésil », de nombreux événements, plus de 300 spectacles, manifestations culturelles et sportives, rencontres scientifiques, mettront à l'honneur le Brésil en France entre avril et septembre, puis la France au Brésil d'août à décembre. Grâce à sa présence et son engagement depuis longtemps dans les deux pays, la fondation, aujourd'hui reconnue comme un acteur clé de la relation franco-brésilienne, est partie prenante de cet ambitieux programme.

Mais même si c'est une question que l'on se pose de manière récurrente, et que nous disposons d'un véritable savoir-faire, notre mission première demeure bel et bien au Brésil.

***

Voilà, en quelques paragraphes qui ne disent pas grand-chose de toutes les actions, de tous les combats menés pendant cette immense période de ma vie qui dure maintenant depuis presque 30 ans. Parfois, quelques bonnes âmes me demandent si je n'en ai pas assez, si je nc voudrais pas faire autre chose. Interrogation légitime, j'ai moi-même parfois besoin de faire ou de voir autre chose. Mais alors, il me suffit de plonger sur notre site, ou sur le compte instagram de la fondation. Et là, je continue à ne pas en croire mes yeux. Tout ce que nous avons fait est bien réel !

Nos anciens élèves sont en effet appelés à nous dire un peu où ils en sont, ce qu'ils font, ce dont ils se souviennent de l'enseignement suivi. Pour nous raconter l'importance qu'a eue Gol de Letra dans la construction de leur vie.

Résultat : 99 % de ceux qui s'adressent à nous sont encore au Brésil, mais certains sont devenus des artistes, en France, en Suisse, au Portugal… L'une des jeunes que nous avons accompagnés, aujourd'hui musicienne et percussionniste internationale, a témoigné il y a quelque temps, après être restée parmi nous de 7 à 17 ans, que Gol de Letra avait « traversé sa vie ».

J'aime beaucoup cette image… Elle en dit long sur ce que nous avons été capables d'apporter à la jeunesse de mon pays.

Et je me souviens toujours de ces trois enfants que j'avais interrogés sur leur rapport à l'école. La première m'avait dit que c'était mieux qu'à la maison parce que chez elle, l'après-midi, elle ne faisait que dormir alors qu'ici elle multipliait les activités. Un autre m'avait dit qu'en arrivant, il était très timide et que les cours de théâtre lui avaient appris à se lâcher. La troisième à qui je demandais si c'était mieux de rester à la maison ou de venir ici, m'avait répondu dans la seconde « venir ici, bien sûr ». Petites phrases, mais grands retours, comme cette *punchline* d'une de nos pensionnaires que je cite souvent : « *À l'école on étudie, ici on apprend.* » La nuance est de taille et elle me remplit de joie.

Ou encore cette phrase toute simple d'un jeune garçon sortant d'un cours de percussion et qui m'avait simplement répondu : « *Avant de venir ici, je ne savais pas que j'aimais la musique. Maintenant, je le sais !* »

Tous ces jeunes qui avancent les yeux grand ouverts sur une autre vie possible, nous voulons qu'ils deviennent les Brésiliens de demain, capables de se prendre en main et de faire progresser la société… Car notre pays en a bien besoin.

IV. Ici Londres

La fondation est sur les rails, je suis heureux et fier. Parallèlement, et parce que je suis de plus en plus sollicité, je décide de créer, en 2002, avec mon ami Paulo Velasco – spécialisé dans la gestion de marques et passionné comme moi par le développement d'affaires liées à la culture et au divertissement –, une petite structure, baptisée tout simplement Raí10. Le chiffre étant, je le rappelle, le numéro que je portais dans le dos lorsque j'étais joueur.

À travers cette petite société, il s'agit de pouvoir répondre aux nombreuses demandes de tous ordres que l'on m'adressait. Sollicité depuis bien longtemps, multipliant autant que faire se peut les interventions pour des séminaires divers, jouant les consultants, je continue à le faire auprès de médias brésiliens et français.

Ainsi en 2014, lors de la Coupe du monde disputée chez moi, j'ai collaboré avec le journal *L'Équipe* pour une chronique hebdomadaire, et avec Michel Denisot pour une émission quotidienne sur Europe 1. Deux ans plus tard, à l'occasion des Jeux olympiques de Rio, j'ai fait peu ou prou la même chose sur France Télévisions.

J'accompagne également des entreprises, je participe à des publicités, je suis même apparu dans une série télévisée intitulée *Secrets de famille* sur un canal de TV Globo, la grande chaîne nationale, où je jouais mon propre rôle, celui d'un footballeur à la retraite qui croise l'un des personnages principaux de la série dans les couloirs d'un aéroport. Une expérience qui m'a convaincu que je n'étais pas fait pour devenir une star du cinéma !

Quelques années après ma retraite sportive, j'ai également écrit un livre pour enfants, *La bande de l'infini*. L'histoire, un chouïa philosophique, de quatre enfants qui se retrouvent confrontés aux réalités de la vie avant de comprendre qu'ils vivent tous dans le même univers.

Bref, je diversifie malgré tout mes activités et m'offre un nouveau cadre de vie.

D'un côté, le volet social et humain, de l'autre le développement d'activités disons un peu plus mercantiles, mais très agréables, car il s'agit toujours de communiquer avec les autres…

Avec Raí10, nous avons aussi lancé une salle de cinéma, qui, à São Paulo, projette dans une ambiance confortable les meilleurs films du monde entier. Nous louerons également une loge au Morumbi, le stade mythique du São Paulo FC, pour perpétuer mon histoire avec le club, ce qu'il a fait de moi, et ce que je lui ai apporté : tous deux avons ensemble changé de dimension. Aujourd'hui, le São Paulo FC est le troisième club du pays en nombre de supporters et en compte près de 17 millions dans le pays. Avec Paulo, nous lancerons aussi Raí Training, une chaîne de salles de fitness… Nous sommes infatigables, tous les deux !

Puis, entre 2005 et 2006, comme tout semble bien fonctionner, je décide de m'octroyer ce que vous appelez en France une « année sabbatique ». J'avais toujours été attiré par l'Angleterre. Si, en 1998, je n'avais pas été rappelé par le São Paulo FC pour revenir y jouer, je m'y serais volontiers installé.

C'est un pays que j'ai toujours eu envie de connaître, à la fois si proche de la France et de l'Europe et si différent dans sa culture insulaire, dans son approche culturelle, j'avais envie de voir cette différence. Je pars en touriste, à la fois désireux d'apprendre la langue mais aussi de me frotter à une civilisation si particulière, mais très vite, je suis rattrapé par mes démons : une chaîne de radio brésilienne fait de moi une sorte d'envoyé spécial permanent, si bien que je dois produire une émission quotidienne où je vais parler des championnats européens, de la Champions League et même des sujets politiques…

Expérience enrichissante une nouvelle fois, mais qui n'avait pas grand-chose à voir avec ce que j'avais projeté.

Je progresse néanmoins en anglais, et me sens vraiment à mon aise chez les sujets de celle qui était encore « sa gracieuse Majesté ».

C'est aussi à cette période qu'Alain Cayzac, publicitaire de renom et président du PSG, me propose de devenir, une sorte d'ambassadeur du club en Amérique du Sud, ce que je vais d'abord accepter, sans rien demander en contrepartie. « Ne me payez pas », avais-je dit au président. « Eh bien, c'est la première fois qu'un joueur ne me demande rien », m'avait-il répondu !

Quelques années plus tard, entre 2017 et 2021, je devais connaître une expérience assez négative, celle-là au sein même du São Paulo FC, le club qui m'avait vu exploser. Une période délicate dont je n'ai pas gardé d'excellents souvenirs. Je n'avais pas pu dire non, lorsque les dirigeants m'avaient demandé de prendre le poste de directeur sportif. J'avais eu l'impression que l'on m'attendait comme une sorte de messie qui revient sauver ce qui peut l'être. Ou comme un prestidigitateur qui, d'un coup de baguette magique, transforme de la boue en or.

Depuis 2016, soit depuis un an, je faisais déjà partie du conseil d'administration du club, mais ce n'était pas vraiment un travail, je devais simplement assister à trois réunions par an. Jamais en tout cas, je n'avais envisagé d'y occuper une autre fonction. Mais quand le club m'appelle, je le vois comme une injonction.

Je découvre une autre réalité, surtout un côté acide, pourri, malsain en tout cas.

Ce furent des années particulièrement difficiles.

Vivre de l'intérieur le fonctionnement d'un club n'est déjà pas une chose facile, et je le découvrais au jour le jour. Les clans, les dissensions, les jalousies. Avec une opposition interne qui jouait contre ceux qui étaient en place. Le club était exsangue financièrement et avait même des dettes. Au Brésil, il n'y a pas de DNCG, cet organe indépendant de vérification des comptes des clubs professionnels, ni de relégation si les résultats financiers ne sont pas équilibrés. Alors on laisse filer en attendant des jours meilleurs.

Malgré ma cape de sauveur, je ne pourrai pourtant pas faire grand-chose.

Le club était en bas de classement, il est remonté jusqu'aux alentours de la cinquième place pendant mes trois années successives comme directeur sportif, mais ce ne fut pas suffisant. À São Paulo, soit tu gagnes, soit tu n'es rien. Je ne peux pas cacher que ce fut dur à vivre émotionnellement.

D'autant que le jour où São Paulo m'a appelé, je m'étais déjà inscrit au cours de La Sorbonne pour suivre un master de sciences politiques.

J'allais commencer. Et j'ai disparu trois ans avant de revenir…

V. La samba du démon

Cela doit être de famille. Mon père, et surtout mon frère, n'ont jamais eu peur de redresser la tête pour faire entendre ce qu'ils avaient à dire. Il faut prendre position, lorsqu'on le peut. Il s'agit d'une histoire de courage, de loyauté et de franchise. Cela m'est donc arrivé il n'y a pas très longtemps.

En 2016 d'abord, et ce fut pour moi un formidable honneur, le président François Hollande m'a officiellement remis mon passeport français, trois ans après avoir fait de moi un chevalier de la Légion d'Honneur. Outre la fameuse rosette, que je ne porte jamais, je possède désormais les deux nationalités et cela me va à ravir car j'ai souvent affirmé qu'entre le Brésil et la France, j'aurais toujours du mal à choisir. Je suis né de l'autre côté de l'Atlantique et j'y vis une grande partie de l'année, mais je viens régulièrement en France, je possède même un petit pied-à-terre que je loue à Paris, dans un quartier cosmopolite, et historiquement mélangé, qui s'appelle Le Marais.

C'était un quartier de marécages au moment où se construisit la ville, puis un endroit où s'installèrent des religieux, les templiers, des aristocrates et des grands bourgeois qui y bâtirent de somptueux hôtels particuliers. Ils en furent chassés lors de la Révolution de 1789. Des artisans et des ouvriers les remplacèrent, puis de nombreux juifs vinrent les rejoindre, avant d'être persécutés durant l'occupation allemande de la Seconde Guerre mondiale. Réhabilité, Le Marais est redevenu un quartier calme et comme vous dites en France, un peu « boboïsé ». Mais je m'y sens comme chez moi et sais en apprécier les charmes.

C'est ce que j'aime en France, moi qui me suis toujours passionné pour l'histoire de mon nouveau pays. J'ai été très marqué par la Révolution que j'avais déjà étudiée au Brésil lors de mes courtes études d'histoire à 17 ans. Marqué aussi par les droits de l'Homme, l'esprit de résistance et les valeurs d'humanisme si présentes ici – bien plus que dans la plupart des pays.

Le mien n'est pas en reste… En 2019, le Brésil ouvrait la porte du pouvoir à un sinistre individu et ancien militaire nommé Jair Bolsonaro. Ses quatre ans passés à diriger le pays resteront à mes yeux une honte absolue.

C'est l'une des raisons qui m'ont incité à accepter en 2021 d'écrire une tribune pour le journal *Le Mond*e, dans laquelle je voulais m'élever contre la situation qu'était en train de vivre mon pays, alors qu'il était aux mains d'un dictateur régulièrement élu, mais sur le point de faire un mal absolu à notre démocratie. Complotiste, notamment lors de la crise du Covid, sexiste, homophobe, raciste, climatosceptique, pyromane éhonté qui relança la déforestation de la forêt amazonienne, notre trésor, populiste, népotiste, corrompu, prêt à tout pour conserver les parcelles d'un pouvoir qu'il n'aurait jamais dû obtenir, Jair Bolsonaro a sans doute été l'un des pires dirigeants de mon beau pays. Bientôt jugé pour un coup d'État qu'il avait fomenté avec ses sbires alors qu'il était en passe de perdre les élections… et pour des meurtres commandités qui, Dieu merci, n'avaient pas eu lieu, certains militaires ayant refusé d'obéir aux ordres visant à assassiner le nouveau président, Lula, son vice-président, Geraldo Alckmin et le juge Alexandre de Moraes alors à la tête du tribunal électoral…

Il a depuis été inculpé et accusé pour une présumée « tentative d'abolition violente de l'état de droit démocratique » et pour « organisation criminelle armée ». Rien que ça.

Le procès a commencé en juin 2025, l'homme risque entre 12 et 40 ans d'emprisonnement.

J'avais en tout cas à l'époque besoin de prendre position et j'ai ainsi rédigé ce texte, qui faisait référence au grand Albert Camus pour, sans nommer celui dont je ne voulais même pas écrire le nom, dire ce que je pensais du mal que Bolsonaro infligeait au Brésil.

J'ai hésité à la rajouter aux pages de ce livre. Au début, je voulais n'en publier que des extraits mais, parce qu'elle eut son petit retentissement chez moi, je m'autorise à la publier *in extenso*. Comme un apport à notre lutte commune à plus de démocratie dans une période où les espaces de liberté semblent diminuer, que ce soit chez moi, aux États-Unis, en Hongrie, en Italie ou ailleurs. Se taire, c'est toujours accepter le pire, alors sans cesse et tant que nous le pouvons, il faut résister, expliquer, combattre.

Le titre en était : « Il nous faut résister à cette peste brésilienne qui porte un costume sombre »

Et voilà ce que j'avais écrit :

« Pardonnez-moi, Monsieur Camus. Pardonnez-moi, vous aussi, ses millions d'admirateurs… Je voudrais vous demander la permission de reprendre ici quelques-uns de vos mots, de revendiquer votre audace, de plaider, comme vous avez su le faire face aux autorités de l'inhumain, de combattre, à votre image, en rebelle du monde qui sut refuser l'hérésie et ses terrifiantes conséquences.

Le Brésilien que je suis, comme tant d'autres, se retrouve assiégé, en ces temps si sombres, par un double fléau dont les ravages ne sont que l'addition de nos propres errements collectifs. En plus de la « peste » biologique, cette épidémie si mal gérée qu'elle a provoqué la plus grave crise sanitaire de l'histoire de mon pays, nous subissons un autre mal, bien plus meurtrier à long terme. Un mal qui diplomatiquement nous isole, un mal qui, insidieusement, ronge l'Amazonie et persécute ceux qui la protègent. Un mal qui permet l'exploitation minière dans les réserves indigènes, et préfère les troncs sciés aux troncs vivants… Un mal castrateur de libertés, qui menace la démocratie et fait renaître l'odieuse censure, favorise l'intolérance, l'homophobie, le machisme, la violence. En emprisonnant notre raison et notre bon sens, il nous détruit, pousse à la haine, se pose en ennemi des arts et de la culture, humilie notre conscience en niant la science. Ce mal, qui a ses propres variants, est l'œuvre d'un clan. Associé au détachement, au négationnisme, à la désinformation, au mensonge, il finit par comprimer, même temporairement, notre révolte, notre résistance et notre indignation. Citons Camus : « *Les fléaux, en effet, sont une chose commune, mais on croit difficilement aux fléaux lorsqu'ils vous tombent sur la tête.* (…) *Quand une guerre éclate, les*

gens disent : 'Ça ne durera pas, c'est trop bête.' Et sans doute une guerre est certainement trop bête, mais cela ne l'empêche pas de durer. La bêtise insiste toujours, on s'en apercevrait si l'on ne pensait pas toujours à soi. »
Oui, chez moi, de l'autre côté de l'Atlantique, cet océan qui nous sépare et nous rapproche, amis Français, le mal est partout : dans les questions d'environnement, de droits humains, d'affaires étrangères. Est-ce l'idéologie qui est perverse, ou celui qui l'a théorisée, ou bien encore celui qui l'utilise sciemment ?
Dans ma démocratie, jeune et donc fragile, nous avons récemment entendu, sur notre propre réseau de télévision, un certain secrétaire d'État à la culture reprendre en le paraphrasant un discours de Joseph Goebbels. Joseph Goebbels, ministre d'Adolf Hitler, responsable de la propagande… Goebbels l'antisémite, l'âme damnée de la pire des idéologies.
Camus, toujours : « *Ils avaient déjà vu mourir des enfants puisque la terreur, depuis des mois, ne choisissait pas, mais ils n'avaient jamais encore suivi leur souffrance minute après minute, comme ils le faisaient depuis le matin.* »
Il nous faut donc résister à cette peste brésilienne qui porte un costume sombre et masque son fourbe sourire, attaque par la répression, l'agression, la persécution, en utilisant les « restes » juridiques d'un Brésil autrefois autoritaire, à l'image de cette loi sur la sécurité nationale, héritée de la période noire de la dictature militaire. Et moi qui pensais qu'après vingt ans de torture, tant de meurtres et de censure, nous ne souffririons plus jamais de tout cela…
« Le Brésil au-dessus de tout, Dieu au-dessus de tous. » Tel était le slogan de la dernière campagne présidentielle, celle

qui a vu la victoire de l'innommable. Certains d'entre nous imaginaient que, derrière les mots, se cachait la putréfaction à venir de notre chair et de nos âmes. Le prétendu sauveur n'en est pas un et, dites-moi, quel serait ce Dieu capable de détruire et de mettre la vie humaine sur un plan si méprisable ?
« *Il savait ce que cette foule en joie ignorait, et qu'on peut lire dans les livres, que le bacille de la peste ne meurt ni ne disparaît jamais, qu'il peut rester pendant des dizaines d'années endormi dans les meubles et le linge, qu'il attend patiemment dans les chambres, les caves, les malles, les mouchoirs et les paperasses, et que, peut-être, le jour viendrait où, pour le malheur et l'enseignement des hommes, la peste réveillerait ses rats et les enverrait mourir dans une cité heureuse.* »
Permettez-moi de compléter, pour mon pays, dangereusement distrait, et pour vous, dont le regard se détourne parfois : le Brésil que nous voulons tous, et dont le monde a besoin, a nié l'horreur qui s'approchait. Depuis des années, les rats étaient pourtant là, à montrer leurs visages, roulant des yeux, montrant les dents, aiguisant leurs griffes. Nous n'avons pas fait attention. Se pourrait-il que mes concitoyens et moi, et même notre Parlement, soyons devenus complices en ne voulant pas voir l'ampleur du danger qui nous enserre désormais, en nous soumettant à un pouvoir taché du sang indélébile de crimes déjà commis ?
Non ! Je sais qu'à long terme, et quel que soit le pays, l'homme courageux, le scientifique, le résistant parviennent ensemble à terrasser le mal. Ici, ce ne sera pas si simple, parce qu'il porte sur son dos l'extrême inégalité, économique, sociale et éducative qui stérilise les comportements et annihile les volontés de rupture.

Chaque fléau provoque des séparations profondes et douloureuses. Nous voilà déjà isolés, traités en parias… Et surtout séparés de nous-mêmes, détournés du Brésil que nous devrions devenir, de notre essence, de notre nature, du pays du futur et d'un monde plus humain et plus juste, du pays exubérant, de la joie de vivre qui fait rêver, danser, jouer, chanter et enchanter. En hissant le drapeau blanc de notre passivité, en capitulant devant le mal qui nous assiège, nous montrons le pire de nous-mêmes. Mon pays, celui du métissage, ne peut pas porter le déni de son propre destin !
« *Le fléau n'est pas à la mesure de l'homme, on se dit donc que le fléau est irréel, c'est un mauvais rêve qui va passer. Mais il ne passe pas toujours et, de mauvais rêve en mauvais rêve, ce sont les hommes qui passent…* »
Comment faire pour se débarrasser de ce cauchemar ? Surtout, ne restons pas anesthésiés, bâillonnés par une « angoisse muette ». Oui, il faut lutter d'abord contre la stupidité qui décourage l'utilisation des masques, qui tue ou laisse mourir, et insiste encore ! Il faut nous vacciner ensuite et, ensemble, expulser de nos chairs le fléau maléfique.
Mais le travail ne sera pas terminé pour autant : il nous faudra alors anéantir cette plus grande peste encore, celle qui, au-delà du microscopique agent infectieux, gangrène notre corps social. Car il ne suffit pas d'identifier le séquençage du virus qui nous impose ses lois et bafoue nos droits, il faut maintenant en trouver l'antidote pour ne pas évoluer, malgré nous, en porteurs malsains d'une maladie qui nous anéantirait. Nous n'avons pas envie, par la faute de quelques criminels, de devenir nos propres bourreaux.
« À partir de ce moment, il est possible de dire que la peste fut notre affaire à tous. » »

La chronique une fois publiée, on m'a d'abord dit que c'était rare qu'un footballeur puisse avoir la chance de publier une tribune dans *Le Monde*, qui plus est en citant Camus. Je sais que mon discours allait sans doute à l'encontre du positionnement de nombreux footballeurs brésiliens qui soutenaient ardemment le nouveau président. Seul, me semble-t-il, Juninho, comme moi, prendra position dans le camp des antis. Le football reste partout, hélas, un milieu très conservateur où les joueurs n'ont pas toujours conscience des dangers que représente la droite extrême.

Ce n'est pas ce qui m'importait, je voulais que le message passe. Une chose est sûre, il a été reçu.

Écrit en français, ce texte sera alors traduit en portugais et imprimé dans certains journaux brésiliens. J'eus droit à quelques réactions, à des félicitations mais aussi à des propos véhéments. Même chez moi, à São Paulo, même dans l'entourage de mon club de cœur, où certains me reprochèrent ce que j'avais écrit : « *Mais comment as-tu pu faire ça ?* »

Puis la tribune a tourné dans les milieux académiques et politiques. Je suis fier et heureux de l'avoir fait. Je n'avais pas toujours pris position lors des élections précédentes, là je sentais qu'il fallait que je réagisse. Face à l'extrême droite, la neutralité n'est pas une option.

VI. L'autre Paris

Encore un saut dans le temps qui nous rapproche d'aujourd'hui. Il concerne Paris, encore et toujours, même si je ne vais pas parler du même club.

Au PSG, car le temps est un formidable raboteur de relations professionnelles, j'avais de moins en moins de contacts, la roue avait tourné, les hommes avaient changé. Au Paris Football Club, en revanche, qui évoluait alors à l'étage inférieur, en Ligue 2, il me semblait qu'il y avait plus de choses à construire. Cela m'arrangeait, une ambition et des défis. Heureux de rejoindre un projet fiable et sérieux, pour apporter ma petite pierre et contribuer modestement à l'édification d'un deuxième grand club parisien.

Convaincu par Pierre Ferracci, le président du club, par les valeurs prônées et par le travail effectué en profondeur depuis quelques années, j'ai donc rejoint le PFC en 2022, en tant que conseiller et ambassadeur de l'équipe, amenant à mes côtés des investisseurs français et un fonds américain du nom de Sport Bridges Venture et qui m'a proposé de me joindre à eux. Je n'ai pas hésité très longtemps. Parce que c'est Paris, la deuxième ville de mes amours, parce qu'il y avait cette envie folle et forte de construire un autre club de haut niveau dans la capitale, avec en contrepoint un aspect détection et formation qui est toujours l'un de mes chevaux de bataille. Motivé plus que jamais par l'attrait de la nouveauté et par ce que je pouvais apporter avec ma petite expérience de footballeur mais aussi d'entrepreneur social, j'avais aussi envie de m'impliquer en tant qu'actionnaire, c'est-à-dire que je ne voulais pas juste faire de la figuration, mais apporter à mon échelle ce que j'avais pu au fil du temps. Un réseau, des connaissances, une expérience, une expertise peut-être.

Le projet me paraissait clair, bien mené, ouvert à des idées neuves, avec toujours ce volet sociétal auquel le président du club, Pierre Ferracci, n'était pas insensible lui non plus. Corse d'origine, Pierre est le fils d'Albert Ferracci, une figure de la Résistance lors de la Seconde Guerre mondiale et par ailleurs responsable du Parti communiste sur l'île de Beauté. Quant à sa mère, elle était enseignante et syndicaliste. Après des études d'économie à Paris, Pierre, qui avait donc de qui tenir, est devenu un spécialiste du droit social, créant même une entreprise de conseil à laquelle des organisations syndicales, des comités d'entreprise et autres instances représentatives du personnel font appel.

Ces quelques lignes, juste pour expliquer ce qui a pu me séduire dans ce parcours familial. Parce qu'on m'a parfois demandé pourquoi j'avais fait ce mouvement de translation entre mon PSG de toujours et ce PFC, qui ne me doit rien et à qui je ne dois rien. J'ai répondu chaque fois que cela ne changeait en rien ma relation si forte avec le club de la Porte d'Auteuil, ni à l'amour que je lui porterai éternellement, ni à l'aventure que nous avons partagée ensemble. Je ferai toujours partie de son histoire et lui de la mienne. Mais que j'avais trouvé dans le projet du PFC matière à m'enthousiasmer en m'engageant.

D'autant que le club ne se pose pas en rival du PSG : lorsque je le rejoins, il a alors des objectifs dont le principal reste la montée en Ligue 1, mais sans animosité aucune envers le grand frère. Dans toutes les grandes capitales européennes, il existe au moins deux clubs en concurrence – et je ne parle pas de Londres où ils sont plus nombreux encore chaque saison, en fonction des montées et des descentes…

Ma première fonction, outre les conseils que je pouvais prodiguer, a donc été celle d'ambassadeur du club. Je devais être présent un certain nombre de fois dans la saison, aller discuter avec les partenaires, les actionnaires, les supporters. Rapidement, la réussite sportive du club, qui vient tout juste d'accéder à la Ligue 1 après une saison pleine et réussie, a suscité l'intérêt de structures importantes. Si bien que l'automne dernier, en novembre 2024 donc, le club annonçait deux nouvelles : l'arrivée de Agache Sports, la filiale sportive de la holding familiale de Bernard Arnault, qui s'est portée acquéreur d'un peu plus de 52 % des parts du club, et celle de la fameuse entreprise autrichienne, Red Bull, qui venait d'acquérir un peu plus de 10 % du capital, ce qui en faisait le troisième actionnaire, le deuxième restant Pierre Ferracci, le président, qui conservait presque 30 % des actions.

Restait un quatrième partenaire, l'Anglo-Sri-Lankais BRI Sports Holdings, qui gardait 7 % des parts du club, même si les nouveaux propriétaires espéraient le convaincre de se retirer d'ici 2027. Au moment où Pierre Ferracci devra céder à cette date le reste de ses parts aux héritiers du groupe LVMH, qui détiendront alors 80 % du club.

Pour parachever ce mouvement, Antoine, l'un des fils de Bernard Arnault, qui va progressivement se retrouver à la tête de la nouvelle entité, annonce une nouvelle qui fait l'effet d'une bombe : c'est Jürgen Klopp qui, en tant que représentant sportif de Red Bull viendra l'épauler pour le côté sportif…

Jürgen Klopp, pour ceux qui ne suivent pas, ou plus, le football actuel, est sans doute l'un des meilleurs managers-entraîneurs de sa génération. Après avoir entraîné pendant huit ans le Borussia Dortmund, club allemand légendaire, il a pris en main la destinée du Liverpool FC pendant neuf ans, permettant à ses hommes de remporter une multitude de trophées qui vont du titre de champion de Première League, à la Ligue des Champions, en passant par la Coupe d'Angleterre, le Liberty Shield ou le titre de champion du monde des Clubs. Une razzia, et une référence, donc…

L'arrivée du fonds d'investissement de la famille Arnault et du groupe autrichien était en tout cas un signe fort des ambitions, raisonnées toutefois, du club. Et un coup de boost important pour progresser rapidement dans les infrastructures. Tout d'abord, un nouveau conseil d'administration est nommé, au sein duquel Michel Denisot a accepté de siéger. Michel Denisot, mon ami, ancien président du PSG des années rayonnantes, lui aussi fait un pas de côté pour rejoindre le groupe, autre signe tangible que tout est en train de bouger.

Même si, et il l'a dit haut et fort en arrivant, Antoine Arnault n'est pas là « *pour tout changer ou renverser la table* », mais plutôt pour « *faire les choses progressivement, sans brûler les étapes* ».

Alors que l'équipe féminine talonnait l'OL et le PSG, les meilleures équipes de Division 1, l'équipe masculine occupait la tête du championnat de Ligue 2, espérant accéder dès 2025 à l'élite de Ligue 1. Pour progresser, le nouvel actionnaire disait vouloir s'appuyer sur « *les belles valeurs, populaires* » du Paris FC, songeant en faire un club « *à l'anglaise* », fondé sur « *le respect de chacun et l'humilité* », ainsi que sur la formation – « *le bassin parisien est un vivier de talents* » – et le temps long, « *quelque chose que nous connaissons dans nos métiers* ».

Autant de mots qui ont résonné agréablement dans mon esprit, me laissant penser que j'étais monté dans un bon wagon, tracté qui plus est par une locomotive qui sait où elle va.

Même si, dans ses premières interventions, Antoine Arnaud n'a jamais avancé de chiffres, il avait rapidement évoqué un effort conséquent pour accompagner le développement du club. Des mots qui m'ont encore plus touché lorsqu'il a parlé d'agrandir les infrastructures d'Orly, au sud de Paris, où se trouve le centre d'entraînement, ou de continuer à réfléchir sur la gratuité des places qui avait été l'une des mesures les plus appréciées du PFC lorsqu'il évoluait en Ligue 2. Antoine avait dit y réfléchir en ajoutant que si cela se révélait impossible, ils essaieraient de mettre sur pied une politique tarifaire de toute façon abordable, tout en faisant sans doute payer un prix plus fort aux entreprises qui accepteraient de prendre des loges.

Tout cela me plaît, jusqu'à cet ultime clin d'œil lorsque, après un accord finalement trouvé avec le Stade Français Rugby, j'apprends que nous quittons le Stade Charléty pour jouer à Jean Bouin, un terrain de 20 000 places qui n'est séparé du Parc des Princes que par une rue, et pas si large que ça !

Comme on se retrouve avec mon passé ! Mais encore une fois, sans aucune animosité.

D'ailleurs et à ce propos, cela m'a rendu assez fier, lorsque début mai 2025, le PFC, en déplacement à Martigues, fait match nul et valide sa montée dans l'élite, je me retrouve en Une de *L'Équipe*... Trois jours plus tard, le PSG joue une demi-finale retour contre Arsenal, et un Tifo gigantesque est alors déployé avec mon image parmi quelques autres et cette phrase qui me rappela le bon temps : « *55 ans de mémoire derrière vous pour écrire l'histoire* »... Ce qui démontrait bien qu'il n'y avait aucun ressentiment. Tout comme je fus le plus heureux des hommes lorsque l'équipe de Luis Henrique remporta quelques semaines plus tard la Ligue des champions, en battant 5-0 l'Inter de Milan.

Mais de tout cela, je n'avais aucun doute. Ni sur les capacités de mon ancien club d'accéder enfin au plus haut des cieux, ni sur les liens qui continuaient à nous unir. En 2020, pour les 50 ans du PSG, le club avait d'ailleurs dévoilé le premier palmarès de ses meilleurs joueurs. Et je m'étais retrouvé, un peu malgré moi car je n'étais pas au courant, au sommet de ce classement devant Safet Susic, grand milieu yougoslave des années 1980, et mon fantasque compatriote Ronaldinho, magicien du dribble et de la fête. Zlatan Ibrahimovic et Pedro Miguel Pauleta complétaient ce top 5.

Le classement avait été fait par un panel de 2 600 votants, composé d'anciens joueurs, de dirigeants ou d'entraîneurs du club, de journalistes ou de suiveurs.

Moi, le plus grand joueur du PSG !

Sacré déjà comme un des meilleurs joueurs de São Paulo, maintenant comme un des meilleurs joueurs du PSG, je ne peux pas cacher que cela m'a touché, surtout à l'occasion des 50 ans du club, j'y ai vu comme une sorte d'hommage. J'étais même heureux, mais je crois que je ne l'aurais pas dit comme ça. J'étais fier et content mais en même temps je ne suis qu'un parmi tous ceux qui ont œuvré au retentissement du club.

Pas le meilleur, mais cela dépassait le terrain, c'est comme cela que je l'ai pris.

Pas le meilleur, non, mais plutôt le préféré…

VII. Un master en attendant

Une fois mon inscription à la Sorbonne revalidée, après l'avoir finalement reculée pour revenir à São Paulo et tenter de reprendre en main le club qui m'avait fait grandir, j'ai donc entrepris de passer un Executive Master de politique publique rue des Saints-Pères, au sein de la prestigieuse école de sciences politiques. Entre 2023 et mai 2024.

Non seulement j'avais besoin de respirer après mon expérience stressante et exténuante au Brésil, mais surtout je voulais en profiter pour approfondir une nouvelle idée, conséquence évidemment directe de tout ce que je faisais depuis une vingtaine d'années avec Gol de Letra.

Chacun des étudiants avait son projet. Le mien portait, comme toujours, sur cette fameuse « intégration radicale » entre sport, éducation et culture en partant de tout ce que j'avais déjà vécu et engrangé, mais en se proposant de l'étendre sur une échelle plus grande que celle d'un quartier. J'aimerais en effet participer au développement d'une politique publique dans une ville moyenne d'environ 15 000 habitants. Pour que tous aient un accès « radical » aux diverses activités que nous leur proposerons.

« Ludicité » est le nom que j'ai voulu donner à mon projet, soit la « cité ludique » dans le sens comme toujours des activités liées à la fois au sport, à la culture et à l'éducation, piliers principaux du développement humain, qu'il soit social, éducatif, économique, et toujours démocratique... Le tout dans une agglomération qui devrait se trouver dans le Nordeste, zone particulièrement défavorisée mais que j'aime beaucoup. Cela sonnerait un peu comme un juste retour à mes insouciantes années d'enfance lorsque nous passions les grandes vacances en famille, entre cousins, frères, parents, oncles et tantes.

À Sciences Po, tout le cursus me fut extrêmement bénéfique. Je m'y rendais une semaine par mois environ, côtoyais des professeurs, des tuteurs et des intervenants, politiques, économistes, de très haute tenue et avançais doucement, grâce à eux, leurs conseils, leurs questions, leurs critiques. Sous la haute responsabilité d'Henri Bergeron, spécialiste reconnu des politiques de santé et des transformations de l'action publique, et par ailleurs directeur de cet Executive Master of Public Administration.

Passer d'un modèle pour un quartier à un modèle pour une ville, pourquoi pas. C'est en tout cas le thème de la thèse que j'ai défendue devant mes professeurs. L'un d'eux m'a d'ailleurs dit, et à juste titre, qu'en fait, j'avais déjà tout en tête lorsque j'ai commencé à suivre son cours... Je lui ai répondu que oui, mais qu'il m'avait aidé à structurer l'ensemble. Car à Sciences-Po, tous mes référents, mes intervenants, mes maîtres m'ont également soutenu dans la construction de mon projet.

Ensuite, et ce fut un peu moins facile, il a quand même fallu que j'écrive 90 pages pour mettre en forme ce sur quoi j'avais travaillé pendant mes mois d'études. J'avais effectué de nombreuses recherches, avais rencontré et interrogé beaucoup de spécialistes, d'experts, de gens de terrain, il ne me restait que mon mémoire à écrire, moi qui n'étais pas forcément rompu au style universitaire et à l'écriture plus académique que celle que je pratique habituellement.

Un combat avec les mots bien différent de ceux que j'avais menés jusqu'alors mais dans ta propre vie, si tu ne te lances pas de défi, ne te mets pas en difficulté, tu ne bouges pas, et si tu ne bouges pas, tu n'évolues pas.

Je crois que je m'en suis bien sorti. En mai 2024, je reçois mon diplôme, avec mention. Comme d'autres étudiants, je suis ceint de l'écharpe rouge remise aux récipiendaires, et comme eux, j'applaudis en brandissant mon diplôme, enchâssé dans un classeur rouge, lui aussi.

VIII. Écrire la suite

La mise en pratique est maintenant à venir, et j'espère que cela se réalisera rapidement.

Pour trouver l'endroit idéal pour mettre en œuvre mon projet, avec mes partenaires les plus proches, nous avons d'abord établi une grille avec de nombreux critères, puis nous avons commencé à nous rendre dans une vingtaine de villes, que nous avons progressivement réduites à une dizaine. À l'heure où je termine l'écriture de ce livre, il n'en reste plus que trois ou quatre…

Nous y sommes presque, c'est la dernière ligne droite et nous allons bientôt décider de l'endroit où nous allons nous poser pour cette expérience qui s'annonce passionnante.

En tant que sportif, j'ai toujours su que ma vie sur les terrains serait sinon courte, du moins limitée dans le temps ; à l'issue de ma formation parisienne, et de ce programme particulièrement inspirant, j'ai pleinement conscience qu'il s'agit là d'une autre histoire qui se met en marche.

Je suis et je reste persuadé d'être un homme de terrain, et pas seulement de football, car question ballon rond, avec de récurrents problèmes de hanche, l'avenir est derrière moi. Donc, je veux agir, activer, participer…

Parfois, on me demande pourquoi je ne m'engage pas en politique, je réponds toujours que je préfère mille fois m'engager sur un autre chemin. Ce qui m'intéresse c'est l'expérience au quotidien, c'est toucher du doigt ce que peut être la vie de chacun. Je ne veux pas d'une tour d'ivoire dans laquelle j'aurais l'impression d'être enfermé, d'une voiture avec chauffeur, de déjeuners dans de grands restaurants, de costumes, de réunions qui n'en finissent pas et de décisions qui ne se prennent pas non plus.

Comme mon père, comme mon frère, comme devrait l'envisager chaque être humain qui a la chance d'avoir grandi du bon côté.

C'est donc une page de plus que je vais tourner.

Une nouvelle vie – encore une – va alors commencer pour moi.

Je suis prêt. Fier comme jamais de cette « brasilidade », cette « brasiliannité » qui me compose, comme chacun de mes compatriotes, et qu'a magnifiquement définie Darcy Ribeiro, homme de lettres qui fut aussi ministre de l'éducation : « *Nous, Brésiliens, sommes la chair de ces Noirs et de ces Indiens qui ont été torturés. Nous tous, Brésiliens, sommes également la main possédée qui les a torturés. La douceur la plus tendre et la cruauté la plus atroce se sont combinées pour faire de nous tout autant ce peuple affligé et souffrant que celui, insensible et brutal que nous sommes aussi*

(…)

Le plus terrible de nos héritages est que nous portons toujours en nous la cicatrice du tortionnaire imprimée dans notre âme et prête à exploser dans la brutalité raciste et classiste. C'est cette cicatrice qui brûle encore aujourd'hui chez tant d'autorités brésiliennes prédisposées à torturer, sévir et blesser les pauvres qui tombent entre leurs mains. Mais, en provoquant une indignation croissante, elle nous donnera demain la force de contenir les possédants et de créer ici une société solidaire ».

Le combat continue, la victoire s'entrevoit. Je ne lâcherai rien.

Remerciements de l'auteur

La vie est un chemin long et mystérieux, au cours duquel se mélangent les couleurs, les rencontres, les coïncidences, les rêves et les réalisations. C'est elle que je tiens à remercier d'avoir fait de moi ce que je suis aujourd'hui.

Elle n'est pas la seule. D'autres aussi m'ont fourni le pinceau, offert la palette, tendu la toile, et proposé la gouache avec laquelle j'ai su donner une forme à ce qui, au départ, n'était à peine qu'un croquis.

Je n'ai eu de cesse de suivre mes rêves et mes intuitions, toujours guidé par les rencontres décisives qui permettent d'avancer.

Si ma vie, d'une esquisse est devenue une aquarelle, que grâce soit rendue à mes parents et à mes frères. Tous ont été des modèles de générosité et d'empathie.

Mes autres sources d'inspiration sont mes trois filles et les femmes qui ont successivement partagé ma vie, m'apportant toujours leur soutien.

Toutes et tous m'ont appris à prolonger l'héritage familial.

Parce qu'ils font eux aussi partie de ma vie, comment donc ne pas remercier tous ceux qui ont été des mentors pour moi, dans le monde de l'enseignement et du football m'ont aidé à me développer en tant qu'athlète évidemment, en tant que compétiteur aussi, mais surtout en tant qu'humain. Ils ont été en première ligne pour m'encourager à prendre le contrôle de mon destin.

Mes coéquipiers et amis, qu'il m'est impossible de tous citer, ont marqué ma carrière.

Je tiens à remercier infiniment les clubs, les institutions devrais-je dire, qui ont forgé mon identité. Botafogo FC, São Paulo FC, Paris Saint-Germain... Merci pour ce que vous m'avez permis d'accomplir. Vous avez su créer en moi un majestueux sentiment d'appartenance et de connexion éternelle.

Je voudrais également remercier celles et ceux qui ont rendu ce travail possible.

Commençons par ce nouveau compagnon que j'admire, Bakary Sakho, et toute l'équipe de Faces Cachées, remarquable maison d'édition.

Poursuivons avec celui sans lequel ce livre n'aurait sans doute pas été ce qu'il est aujourd'hui, Rémy Fière, dont la présence discrète, le soutien sans faille, les conseils avisés et les questions incessantes m'ont aidé à condenser ma vie en quelques milliers de mots.

Merci à Michel Denisot, pour cette amitié de longue date et pour les mots qui ouvrent ce livre.

Aujourd'hui, à 60 ans, je continue de rêver et d'avoir soif de nouvelles aventures.

Je ne suis plus footballeur, je suis aujourd'hui activiste social, ou politique, doublé d'un entrepreneur, social lui aussi.

J'ai créé, mais pas seul, la Fondation Gol de Letra, à destination des enfants défavorisés, parmi d'autres initiatives à but non-lucratif.

Alors, que souhaiter d'autre pour finir ? Que de nouvelles rencontres surviennent encore et encore, que mon modeste parcours puisse en inspirer peut-être d'autres, et que ce livre parvienne à vous plaire, car j'y ai mis tout mon cœur, et même plus.

Remerciements de l'éditeur

Les éditions Faces Cachées souhaitent remercier celles et ceux qui ont contribué à la création de cet ouvrage, à l'écriture de cette histoire riche de sens.

Rémy Fière, pour sa plume et son implication.

Pierre Rabadan et Cédric Elisabeth (Ville de Paris).

Jean-François Martins, Victoria Klahr et Alice Beunardeau (Tour Eiffel).

Bocar Touré et Océane Rasolofoniaina pour leur contribution.

Enfin, merci à Raí Souza Vieira de Oliveira pour la confiance accordée.

Ouvrage achevé d'imprimer en France en octobre 2025,
pour les éditions Faces Cachées par CPI Firmin Didot (185713)

Dépôt légal : octobre 2025